Schriften zum geistigen Eigentum
und zum Wettbewerbsrecht

Herausgegeben von

Prof. Dr. Christian Berger, Universität Leipzig
Prof. Dr. Horst-Peter Götting, Techn. Universität Dresden

Band 86

Ulrike Strohscheer

Die Abbildung von Kunstwerken zur Werbung für deren Ausstellung und Verkauf

Ein Vergleich der Rechtslage zwischen Deutschland, Großbritannien und den USA

Nomos

Die Deutsche Nationalbibliothek verzeichnet diese Publikation in der Deutschen Nationalbibliografie; detaillierte bibliografische Daten sind im Internet über http://dnb.d-nb.de abrufbar.

Zugl.: Dresden, Univ., Diss., 2016,

u.d.T.: Werbung für Veranstaltungen mit urheberrechtlich geschützten Werken. Ein Vergleich der Rechtslage zwischen Deutschland, Großbritannien und den USA

ISBN 978-3-8487-3547-1 (Print)

ISBN 978-3-8452-7880-3 (ePDF)

1. Auflage 2017

Meinen Eltern.

Ich bin sehr dankbar dafür, dass Ihr mich in all meinen Vorhaben unterstützt habt.

VORWORT

Grundsätzlich ist die Nutzung urheberrechtlich geschützter Werke in Deutschland genehmigungs- und vergütungspflichtig. Unter bestimmten Voraussetzungen gibt es jedoch Ausnahmen von dieser Regel. Wenn der Tatbestand einer die Rechte des Urhebers begrenzenden Schrankenregelung gemäß §§ 44a ff. UrhG erfüllt ist, kann ein urheberrechtlich geschütztes Werk genutzt werden, ohne dass eine entsprechende Lizenz eingeholt werden müsste.

Eine solche Schrankenregelung ist § 58 Abs. 1 UrhG. Danach ist es zulässig, für den Verkauf oder die Ausstellung eines Werkes mit dessen Abbildung zu werben. Der Wortlaut des § 58 UrhG, der seit Inkrafttreten des Urheberrechtsgesetzes am 1. Januar 1966 bis zum Jahre 2003 in unveränderter Form bestanden hatte, wurde im Zuge der Umsetzung der Richtlinie 2001/29/EG *(Richtlinie zur Harmonisierung bestimmter Aspekte des Urheberrechts und der verwandten Schutzrechte in der Informationsgesellschaft)* in deutsches Recht geändert und die ursprüngliche Regelung um einen Absatz ergänzt.

Die Reform des § 58 UrhG a.F. brachte eine wesentliche Änderung mit sich. Vor der Gesetzesreform war es umstritten, ob und inwiefern die Nutzung urheberrechtlich geschützter Werke im Zusammenhang mit Werbemaßnahmen für Versteigerungen oder Ausstellungen vom Erlaubnistatbestand des § 58 UrhG a. F. umfasst war.

Die Neufassung der Regelung bezieht sich in ihrem ersten Absatz nunmehr explizit auf Werbung. So sind die Vervielfältigung, Verbreitung und öffentliche Zugänglichmachung von öffentlich ausgestellten oder zur öffentlichen Ausstellung bzw. zum öffentlichen Verkauf bestimmten Werken der bildenden Künste und Lichtbildwerken durch den Veranstalter zur Werbung nach § 58 Abs. 1 UrhG zulässig, soweit dies zur Förderung der Veranstaltung erforderlich ist. Obwohl der Gesetzgeber hiermit eindeutig Position bezogen zu haben scheint, wirft § 58 Abs. 1 UrhG bei genauerer Betrachtung weiterhin Fragen auf. So ist unklar, wie der Passus *soweit dies zur Förderung der Veranstaltung erforderlich ist* auszulegen ist.

Ziel der Arbeit ist es, zu klären, welche Art und welcher Umfang von Werbung durch die Regelung gedeckt sind. Angesichts der Praxisrelevanz dieser Fragestellung wird die Rechtslage in Deutschland mit derjenigen in

Großbritannien bzw. den USA verglichen, weil diese beiden Länder auf dem internationalen Kunstmarkt eine besonders wichtige Rolle spielen.

Meinem Doktorvater, Herrn Prof. Dr. Horst-Peter Götting, danke ich für die freundliche Betreuung der Arbeit. Seine hilfreichen Anregungen habe ich ebenso wie die meiner Zweitkorrektorin, Frau Prof. Dr. Ursula Stein, dankbar aufgenommen. Mein besonderer Dank gilt außerdem meinem Mann Holger für seine inhaltlichen Anregungen und seine Geduld, die zum Gelingen dieses Projekts beigetragen haben.

Berlin, im März 2017 *Ulrike Strohscheer*

Inhaltsverzeichnis

Einleitung

Nach § 58 Abs. 1 UrhG ist die Vervielfältigung, Verbreitung und öffentliche Zugänglichmachung von öffentlich ausgestellten oder zur öffentlichen Ausstellung bestimmten Werken der bildenden Künste und Lichtbildwerken durch den Veranstalter zur Werbung gestattet, soweit dies zur Förderung der Veranstaltung erforderlich ist.

Was bedeutet dies konkret – wie weit dürfen Auktionshäuser, Museen und Galerien im Rahmen des § 58 Abs. 1 UrhG bei ihren Werbemaßnahmen gehen? Die Beurteilung dieser Frage hat angesichts der starken Nachfrage auf dem Markt für zeitgenössische Kunst eine große praktische Relevanz und unmittelbare Konsequenzen für die Betroffenen: Sofern die Nutzung eines urheberrechtlich geschützten Werkes nämlich nicht von der Schrankenregelung gedeckt ist, ist sie sowohl genehmigungs- als auch vergütungspflichtig.

Die Thematik soll zunächst durch eine Betrachtung der Entwicklung sowie von Sinn und Zweck des § 58 Abs. 1 UrhG beleuchtet werden. Dabei wird auf die systematische Stellung der Norm innerhalb des sechsten Abschnittes des UrhG eingegangen, der sich mit den Schranken des Urheberrechts befasst.

Zur Veranschaulichung der Problematik dient folgender Fall, über den das Landgericht Berlin im Jahr 2007 zu entscheiden hatte[1]:

Die Beklagte ist ein großes deutsches Auktionshaus. Sie wirbt in einem renommierten Kunstmagazin (Auflage: 100.000 Exemplare) für eine bevorstehende Versteigerung. Die 72-seitige farbige Anzeige, die optisch an die Gestaltung der Auktionskataloge des Hauses angelehnt ist und in der zahlreiche der angebotenen Werke abgebildet sind, befindet sich hinter dem redaktionellen Teil des Magazins.

Die Klägerin vertritt als Verwertungsgesellschaft viele der Urheber der in der Anzeige abgebildeten Werke bzw. deren Erben. Sie ist der Meinung, dass diese Anzeige das Maß des Erforderlichen im Sinne des § 58 Abs. 1

1 LG Berlin, ZUM-RD 2007, 421 ff.; ausführlicher dazu Seite 41 ff.

UrhG überschreite und verlangt Lizenzgebühren für die Nutzung der Werke der von ihr vertretenen Urheber.

Da Großbritannien und die USA auf dem internationalen Kunstmarkt eine herausragende Stellung innehaben – neben den großen Auktionshäusern Christie's und Sotheby's in London und New York finden sich hier auch weltberühmte Kunstmuseen – liegt die Frage nach der Existenz und Handhabung einer mit § 58 Abs. 1 UrhG vergleichbaren Regelung gerade in diesen Ländern nahe.

In diesem Zusammenhang wird untersucht, wie die britische und die US-amerikanische Rechtsordnung mit dem Spannungsverhältnis zwischen den Interessen des Urhebers auf der einen und denjenigen der Museen, Galerien und Auktionshäuser sowie der Allgemeinheit auf der anderen Seite umgehen.

Anhand des Rechtsvergleichs soll geprüft werden, ob die bestehenden Regelungen in den verschiedenen Ländern den praktischen Anforderungen gerecht werden und welche Vor- und Nachteile die jeweilige nationale Ausgestaltung mit sich bringt.

Dabei muss die Tatsache im Auge behalten werden, dass das angloamerikanische Copyright Law, welches die ökonomischen Aspekte schöpferischer Tätigkeit in den Vordergrund stellt, während es urheberpersönlichkeitsrechtliche Aspekte eher vernachlässigt, seit jeher einem anderen Verständnis folgt als das deutsche Urheberrecht, das von der Tradition des „droit moral" geprägt ist und dem Urheberpersönlichkeitsrecht einen besonderen Stellenwert beimisst[2].

Wegen der Mitgliedschaft Großbritanniens in der Europäischen Union[3] und der damit einhergehenden Vereinheitlichung des Rechts der EU-Staaten, die auf dem Gebiet des Urheberrechts unter anderem durch die Richtlinie 2001/29/EG[4] erreicht werden sollte[5], kann die britische Rechtslage als Bindeglied zwischen der amerikanischen und der deutschen betrachtet werden: Zwar ist das britische Recht nach wie vor dem Copyright Law-Ansatz verhaftet, jedoch wurde es wegen der Umsetzung verschiedener

2 Redmond-Cooper, Ruth, Moral Rights in: Dear Images: Art, Copyright and Culture, 69-70.

3 Ein Austritt Großbritanniens aus der Europäischen Union war zum Zeitpunkt der Untersuchung noch nicht absehbar.

4 ABl. Nr. L 167 S. 10, ber. ABl. 2002 Nr. L 6 S. 71.

5 Vgl. Erwägungsgrund (1) der RL 2001/29/EG.

EG-Richtlinien (unter anderem durch die Einführung des Folgerechts) modifiziert und teilweise dem kontinentaleuropäischen System angepasst.

Angesichts des Umstands, dass es zur Frage der Handhabung von Fällen, die in Deutschland vom Anwendungsbereich des § 58 Abs. 1 UrhG erfasst werden, in Großbritannien bzw. den USA wenig Literatur und Rechtsprechung zum jeweiligen nationalen Recht gibt, soll die Problematik ergänzend durch eine Betrachtung der dortigen Praxis erhellt werden. In diesem Kontext werden auch die Arbeitsweise der Verwertungsgesellschaft Bild-Kunst sowie der entsprechenden US-amerikanischen und britischen Verwertungsgesellschaften dargestellt.

A. Rechtslage in Deutschland: § 58 UrhG

I. Allgemeines zur Katalogbildfreiheit

Während der Käufer einer Sache mit dem Eigentumsrecht in der Regel umfassende Nutzungsrechte an dieser Sache erwirbt, stellt sich die Situation im Falle der Veräußerung eines urheberrechtlich geschützten Werkes anders dar. Im Unterschied zu dem Regelfall, dass der Eigentümer einer Sache nach Belieben über diese verfügen kann, stehen dem Erwerber eines Werkes, das dem Schutz des Urheberrechts unterliegt, wegen der Unübertragbarkeit des Urheberrechts allenfalls bestimmte Nutzungsrechte zu, die bei der Veräußerung explizit eingeräumt werden müssen. Geschieht dies nicht, erwirbt der (neue) Eigentümer durch den Kauf und die Übereignung zwar nach § 44 Abs. 2 UrhG in der Regel das Recht, das Werk öffentlich auszustellen, jedoch verbleiben nach § 44 Abs. 1 UrhG die Nutzungsrechte im Zweifel beim Urheber. Dieser Umstand macht eine Ausnahmereglung im Sinne des § 58 UrhG erforderlich, die es ermöglicht, das Werk unter bestimmten Voraussetzungen genehmigungs- und vergütungsfrei zu nutzen.

Besonders praxisrelevant ist dabei die Möglichkeit, das Werk lizenzfrei im Rahmen der Ankündigung einer Ausstellung oder eines Verkaufs sowie in Katalogen abbilden zu können. Schon mit Beginn des 20. Jahrhunderts deutete sich eine entsprechende Ausnahmeregelung an[6].

Im Folgenden wird zunächst die Entwicklung des Urheberrechts in Deutschland skizziert und dann auf die Entstehung der (ehemaligen) Katalogbildfreiheit eingegangen.

II. Entstehungsgeschichte

1. Entwicklung des Urheberrechts in Deutschland

Das erste deutsche Urheberrechtsgesetz auf nationalstaatlicher Ebene war das *Gesetz betreffend das Urheberrecht an Schriftwerken, Abbildungen,*

---

6 Siehe dazu Seite 21 f.

musikalischen Kompositionen und dramatischen Werken, welches ursprünglich im Jahre 1870 vom Norddeutschen Bund verabschiedet und 1871 vom Deutschen Reich übernommen wurde. Ergänzend wurden 1876 das *Gesetz betreffend das Urheberrecht an Werken der bildenden Künste* sowie das *Gesetz betreffend den Urheberschutz an Werken der Photographie* erlassen. Die zügig voranschreitende internationale Entwicklung (allen voran die mittlerweile mehrfach revidierte Berner Übereinkunft zum Schutz von Werken der Literatur und Kunst aus dem Jahre 1886) sowie die Industrialisierung machten jedoch schon bald Reformen erforderlich. Im Jahre 1901 wurden das *Gesetz betreffend das Urheberrecht an Werken der Literatur und Tonkunst (LUG)* und das noch heute geltende *Gesetz über das Verlagswesen* erlassen. 1907 folgte *das Gesetz betreffend das Urheberrecht an Werken der bildenden Künste und der Photographie (KUG)*, dessen Vorschriften über den Bildnisschutz bis heute fortgelten.[7]

Das LUG verbesserte unter anderem den Schutz für Übersetzungen und das KUG den Schutz von Werken der Architektur sowie der angewandten Kunst[8].

Bereits zu Beginn des 20. Jahrhunderts gingen außerdem entscheidende Impulse für das Urheberrecht von der Rechtsprechung aus[9]. So erkannte das Reichsgericht in einer Entscheidung aus dem Jahre 1912 das Urheberpersönlichkeitsrecht an[10] und leitete das bis 1965 gesetzlich nicht geregelte Senderecht für den Rundfunk aus dem Verbreitungsrecht ab[11].

Durch das *Gesetz zur Verlängerung der Schutzfristen im Urheberrecht* von 1934 wurde die bis dato geltende 30-jährige Schutzfrist auf 50 Jahre post mortem auctoris ausgedehnt.

Die nächste große Urheberrechtsreform erfolgte erst im Jahre 1965 mit der Verabschiedung des noch immer geltenden *Gesetzes über das Urheberrecht und verwandte Schutzrechte (UrhG)*[12] sowie des *Gesetzes über*

---

7 Dreier/Schulze/Dreier, UrhG, 4. Aufl. 2013, Einl. Rn. 55.

8 Schack, Urheber- und Urhebervertragsrecht, Rn. 119.

9 Schack, Urheber- und Urhebervertragsrecht, Rn. 121.

10 RGZ 79, 397 – Felseneiland mit Sirenen.

11 Schack, Urheber- und Urhebervertragsrecht, Rn. 121; RGZ 113, 413 – Der Tor und der Tod; später auch BGH GRUR 1960, 619 – Künstlerlizenz bei öffentlicher Wiedergabe von Schallplatten; BGH GRUR 1960, 627 – Künstlerlizenz bei öffentlicher Wiedergabe von Rundfunksendungen.

12 Das UrhG wurde seither allerdings mehrfach geändert.

die Wahrnehmung von Urheberrechten und verwandte Schutzrechte (UrhWG)[13].

2. Die Schrankenregelungen des Urheberrechtsgesetzes

§ 58 UrhG ist Bestandteil der Schrankenregelungen, die sich im sechsten Abschnitt des Urheberrechtsgesetzes befinden. Diese Reglungen beschränken die dem Urheber eingeräumten Rechte zugunsten der erlaubnis- bzw. vergütungsfreien Nutzung von urheberrechtlich geschützten Werken durch die Allgemeinheit.

Das Urheberrecht als geistiges Eigentum unterliegt als sozialgebundenes Recht ebenso wie das Sacheigentum bestimmten Schranken im Interesse der Allgemeinheit[14]. Die Sozialbindung des geistigen Eigentums folgt dabei aus Artikel 14 Abs. 2 GG. Das Interesse der Allgemeinheit an einer möglichst uneingeschränkten Nutzung urheberrechtlich geschützter Werke kann sich wiederum aus der allgemeinen Handlungsfreiheit gemäß Artikel 2 Abs. 1, der Berufsfreiheit nach Artikel 12 und der Informationsfreiheit aus Artikel 5 Abs. 1 GG ergeben[15]. Damit dieses Interesse gewahrt wird, muss der Urheber Beeinträchtigungen seiner Rechtspositionen dulden, soweit diese zur Gewährleistung einer geistigen und kulturellen Auseinandersetzung notwendig sind[16].

Die meisten Schranken des Urheberrechts sind in §§ 44a bis 63a UrhG geregelt. Darüber hinaus existieren besondere Schranken in den §§ 69d und 69e UrhG in Bezug auf Computerprogramme. § 87c UrhG regelt die Schranken des Rechts des Datenbankherstellers und in § 87g Abs. 4 UrhG sind die Schranken des Rechts des Presseverlegers geregelt.

Die Beschränkungen gelten in erster Linie hinsichtlich der in den §§ 15 bis 24 UrhG normierten Verwertungsrechte des Urhebers[17]. Dagegen bleiben die Urheberpersönlichkeitsrechte nahezu unangetastet: Die erlaubnis-

---

13 Das UrhWG ist mit Wirkung vom 1. Juni 2016 außer Kraft getreten. Seine Regelungen wurden in das neugeschaffene sogenannte Verwertungsgesellschaftsrichtlinien-Umsetzungsgesetz (VG-Richtlinien-Umsetzungsgesetz) aufgenommen.

14 Wandtke/Bullinger/Lüft, Praxiskommentar zur UrhR, 4. Aufl. 2014, Vor §§ 44a ff., Rn. 1; Loewenheim/Götting, Handbuch des Urheberrechts, 2. Aufl. 2010, § 30 Rn. 1.

15 Bornkamm, FS Piper, 642.

16 Kröger, Informationsfreiheit und Urheberrecht, 2002, 190 ff.

17 Loewenheim/Götting, Handbuch des Urheberrechts, 2. Aufl. 2010, § 30 Rn. 10.

freie Nutzung eines Werkes gestattet nicht dessen Entstellung und auch Änderungen des Werkes sind nach §§ 39, 62 UrhG nur im Rahmen des privilegierten Nutzungszwecks zulässig[18]. Das aus § 13 UrhG folgende Namensnennungsrecht des Urhebers ist im Falle einer nach § 58 Abs. 1 oder 2 UrhG erlaubten Reproduktion zwingend, denn gemäß § 63 Abs. 1 Satz 1 UrhG ist auch bei der Vervielfältigung eines Werkes im Rahmen des § 58 UrhG stets die Quelle deutlich anzugeben. Einzig das Veröffentlichungsrecht des Urhebers erfährt in §§ 45 und § 57 UrhG insofern eine Einschränkung, als diese Vorschriften entgegen dem Grundsatz des § 12 Abs. 1 UrhG, wonach der Urheber das Recht hat, zu bestimmen, ob und wie sein Werk zu veröffentlichen ist, eine Verwertung auch bei unveröffentlichten Werken zulassen[19].

3. Entwicklung der Katalogbildfreiheit

Bevor die (ehemalige) Katalogbildfreiheit in das Urheberrechtsgesetz aufgenommen wurde, existierte sie in geringem Umfang als gewohnheitsrechtliches Institut bereits während der Geltung des *Gesetzes betreffend das Urheberrecht an Werken der bildenden Künste und der Photographie (KUG)* von 1907[20]. Das Recht, ein Werk in einem Katalog abbilden zu dürfen, wurde dabei stillschweigend aus dem Ausstellungsrecht hergeleitet[21].

Nachdem das KUG mit dem Inkrafttreten des Urheberrechtsgesetzes am 1. Januar 1966 abgelöst wurde, sah der Gesetzgeber mit § 58 UrhG a.F. eine ausdrückliche Schrankenregelung vor, durch die die Herausgabe illustrierter Ausstellungs- und Versteigerungskataloge erleichtert werden sollte[22].

---

18 Schack, Urheber- und Urhebervertragsrecht, Rn. 513.

19 Dreyer/Kotthoff/Meckel/Dreyer, HK-UrhR, 3. Aufl. 2013, Vorbem. zu §§ 44a-63a Rn. 27.

20 Schricker/Loewenheim/Vogel, UrhR, 4. Aufl. 2010, § 58 Rn. 2.

21 Jacobs, Die Katalogbildfreiheit in: FS Vieregge, 1995, 382.

22 BT-Drs. IV/270, 76.

4. Die Regelung des § 58 UrhG a.F.

§ 58 UrhG lautete in der bis zum 12.9.2003 geltenden Fassung:

> *Zulässig ist, öffentlich ausgestellte sowie zur öffentlichen Ausstellung oder zur Versteigerung bestimmte Werke der bildenden Künste in Verzeichnissen, die zur Durchführung der Ausstellung oder Versteigerung vom Veranstalter herausgegeben werden, zu vervielfältigen und zu verbreiten.*

Die durch § 58 UrhG a.F. ermöglichte Privilegierung bezog sich dem Gesetzeswortlaut nach zunächst nur auf Werke der bildenden Künste. Fotografien waren nicht ausdrücklich vom Anwendungsbereich der Regelung erfasst. Dennoch entsprach es der herrschenden Literaturmeinung zur alten Regelung, die Vorschrift analog auch auf Lichtbildwerke anwenden zu können[23]. Im Übrigen war die Auslegung der Regelung in vielen Einzelheiten umstritten. Gleichwohl sind nur einige wenige höchstrichterliche Entscheidungen zu dieser Problematik ergangen.

Im Folgenden werden zur näheren Erläuterung des § 58 UrhG a.F. die beiden BGH-Entscheidungen *Katalogbild*[24] und *Museumskatalog*[25] skizziert.

a. Katalogbild-Entscheidung des BGH[26]

Hintergrund der Entscheidung war eine gerichtliche Auseinandersetzung, in der die Verwertungsgesellschaft Bild-Kunst (VG Bild-Kunst) im Rahmen ihrer Wahrnehmung der Rechte an Werken von Salvador Dalí als Klägerin gegen ein Auktionshaus vorging. Die Beklagte hatte die Dalí-Lithographie „Traum einer Sekunde“ auf der Vorderseite ihres Auktionskataloges vom Juni 1988 abgedruckt. Außerdem war dieses Werk in stark verkleinerter Form auch im Katalog selbst wiedergegeben. Dieser war gegen ein Entgelt von 12 DM erhältlich.

Parallel dazu gab die Beklagte einen sechsseitigen Prospekt heraus, auf dessen Vorderseite das betreffende Bild abermals in verkleinerter Form abgedruckt war. In dem Prospekt wies die Beklagte auf mehrere ihrer

23 Dreyer/Kotthoff/Meckel/Dreyer, HK-Urheberrecht, 3. Aufl. 2013, § 58 Rn. 1; Jacobs, Die Katalogbildfreiheit in: FS Vieregge, 1995, 388.

24 BGH GRUR 1993, 822 ff.

25 BGH GRUR 1994, 800 ff.

26 BGH GRUR 1993, 822 ff.

Auktionen hin und forderte dazu auf, den oben erwähnten Katalog vom Juni 1988 zu bestellen.

Die VG-Bild-Kunst war der Ansicht, sowohl der Abdruck des Dalí-Bildes auf der Titelseite des Auktionskataloges als auch der von der Beklagten herausgegebene Prospekt seien nicht von § 58 UrhG a.F. gedeckt.

Der BGH entschied, dass entgegen der Ansicht der Klägerin die Wiedergabe des Werkes auf der Titelseite des Kataloges vom Tatbestand des § 58 UrhG a.F. umfasst sei, nicht jedoch die Nutzung des Bildes für den Werbeprospekt. Er vertrat die Ansicht, dass trotz des Wortlauts des § 58 UrhG a.F., der von einer Wiedergabe von Werken „in Verzeichnissen" spricht, auch deren Wiedergabe als Titelbild – also *auf* den betreffenden Verzeichnissen – von der Privilegierung der Norm gedeckt sei, sofern die jeweiligen Tatbestandsvoraussetzungen von § 58 UrhG a.F. erfüllt seien.

Entscheidend sei, dass der Abdruck eines Werkes *auf* einem Katalog dem Versteigerungs- oder Ausstellungszweck untergeordnet ist. Dies sei dann gegeben, wenn das betreffende Werk auf dem Titel tatsächlich versteigert bzw. ausgestellt werde. Auch auf der Titelseite eines Kataloges diene die Abbildung eines Werkes dem Informationsbedürfnis des Publikums und damit gleichzeitig den Interessen des Veranstalters sowie dem Interesse des Urhebers am Bekanntwerden und der Förderung des Absatzes seiner Werke. Dies gelte jedoch nicht für die Wiedergabe von Werken auf oder in einem Werbeprospekt.

Entscheidend für diese Beurteilung ist die Auslegung des Begriffes „Verzeichnisse" im Sinne des § 58 UrhG. a.F. Nach Ansicht des BGH konnte bei von Auktionshäusern herausgegebenen Prospekten nur dann von einem Verzeichnis im Sinne des § 58 UrhG a.F. gesprochen werden, wenn diese unmittelbar der Durchführung der Versteigerung dienten. Diese Voraussetzung sei nur dann erfüllt, wenn bei der betroffenen Broschüre die illustrierte Information über die Versteigerung im Vordergrund stehe. Bei einem Auktionskatalog sei dies gegeben. Der Werbeprospekt der Beklagten erfüllte diese Voraussetzungen nach Auffassung des BGH hingegen nicht. Dieser sei selbst nämlich kein Auktionskatalog; mit ihm werde lediglich für die Bestellung des Kataloges geworben. Außerdem werde in dem Prospekt generell für die gewerbliche Tätigkeit der Beklagten geworben, indem dort deren gesamte Aktivitäten kurz dargestellt und ein kalendarischer Überblick über die Auktionen und Besichtigungsmöglichkeiten gegeben wird.

Die Betrachtung dieser Entscheidung aus heutiger Perspektive macht deutlich, dass die Einführung des Privilegierungstatbestandes der Werknutzung zu Werbezwecken in § 58 Abs. 1 UrhG n.F. einen wesentlichen Aspekt der Gesetzesnovelle darstellt. Auch wenn zweifelhaft ist, ob und inwiefern die Entscheidung nach aktueller Rechtslage anders ergangen wäre[27], so ist die Werknutzung für Werbebroschüren inzwischen nicht mehr per se unzulässig[28].

b. Museumskatalog-Entscheidung des BGH[29]

In dieser Entscheidung ging es zum einen um die Frage, ob nur temporäre oder auch permanente öffentliche Ausstellungen von der Privilegierung des § 58 UrhG a.F. erfasst sind, und zum anderen darum, wie weit der Begriff „Verzeichnisse" im Sinne der Norm im Hinblick auf Ausstellungen auszulegen ist.

Klägerin war wiederum die VG Bild-Kunst, die die Beklagte als Eigentümerin einer unter anderem im Frankfurter Städel-Museum ausgestellten bedeutenden Sammlung von Werken der bildenden Künste auf Zahlung von Lizenzgebühren in Anspruch nahm.

Die Beklagte hatte im Jahre 1987 ein Buch mit dem Titel „Städel Frankfurt Gemälde" herausgegeben. Dieses Buch enthielt neben einem Vorwort und einem Beitrag mit dem Titel „Das Städelsche Kulturinstitut und seine Geschichte" ein „Verzeichnis der Gemälde", in dem 775 Werke und ihre Urheber mit kurzen biographischen Daten und Inventurangaben aufgeführt waren. Daneben gab es einen Bildteil, der 113 großformatige Abbildungen der im Verzeichnis aufgeführten Gemälde enthielt, die alle im Museum ausgestellt waren.

Die VG Bild-Kunst war der Ansicht, dass die Abbildungen in diesem Buch nicht unter den Privilegierungstatbestand des § 58 UrhG a.F. subsumiert werden könnten und verlangte entsprechende Lizenzgebühren für die Nutzung der Werke der von ihr vertretenen Künstler.

Der BGH entschied, dass § 58 UrhG a.F. grundsätzlich nicht nur auf Kataloge für zeitlich begrenzte Ausstellungen, sondern auch auf Museumsführer für permanente Ausstellungen anwendbar sei, sofern die abge-

---

27 Schließlich wurde in dem betreffenden Fall eben nicht nur für eine Auktion geworben, sondern auch für die gewerbliche Tätigkeit des Auktionshauses insgesamt.

28 Siehe Seite 32 ff.

29 BGH GRUR 1994, 800 ff.

bildeten Werke ständig im Museum ausgestellt oder wenigstens zur ständigen Ausstellung bestimmt seien. Demnach sei sogar die Abbildung von Werken, die wegen Platzmangels vorübergehend im Magazin eingelagert sind, von der Katalogbildfreiheit erfasst. Der Wortlaut von § 58 UrhG a.F. verlange jedoch, dass die Abbildung in einem „zur Durchführung der Ausstellung“ dienenden Verzeichnis erfolgt. Das von der Beklagten herausgegebene Buch sei jedoch kein Verzeichnis im Sinne des § 58 UrhG a.F., da es nicht ausschließlich der unmittelbaren Förderung des Ausstellungszwecks diene.

Wegen der großformatigen und durchgängig farbigen Abbildung der Werke im Bildteil des Buches handele es sich der Sache nach um einen Kunstbildband, bei dem die Werke nicht primär als Bestandteil der Ausstellung gezeigt würden. Im Vordergrund stehe vielmehr die Werkabbildung selbst, durch die der Kunstgenuss unabhängig vom Besuch der Ausstellung vermittelt werden solle, so dass es bei den Abbildungen an der für § 58 UrhG a.F. erforderlichen Förderung des Ausstellungszwecks fehle. Entsprechend seien Lizenzgebühren für die Nutzung der Werke zu zahlen.

Diese Entscheidung hebt noch einmal hervor, dass nach Ansicht des BGH nicht die Wiedergabe eines Werkes als solche im Zusammenhang mit einer Ausstellung (oder Versteigerung) durch die Katalogbildfreiheit privilegiert, sondern dass eine Abbildung nur dann zulässig war, wenn sie räumlich, zeitlich und inhaltlich unmittelbar den Ausstellungszweck förderte. Die bloße Wiedergabe eines Werkes anlässlich einer Ausstellung war nicht Gegenstand der Privilegierung. Dieser Gedanke ist auf § 58 UrhG n.F. uneingeschränkt übertragbar[30].

5. Reform des § 58 UrhG

Die Verabschiedung der EG-Richtlinie 2001/29/EG[31] im Jahre 2001 hatte zur Folge, dass das Urheberrechtsgesetz reformiert werden musste, um die Richtlinie in deutsches Recht umzusetzen.

---

30 Siehe Seite 40 f.

31 ABl. Nr. L 167 S. 10, ber. ABl. 2002 Nr. L 6 S. 71.

a. Urheberrechtsrichtlinie 2001/29/EG

Die Richtlinie 2001/29/EG des Europäischen Parlaments und des Rates vom 22. Mai 2001 zur Harmonisierung bestimmter Aspekte des Urheberrechts und der verwandten Schutzrechte in der Informationsgesellschaft (Urheberrechtsrichtlinie) dient der Angleichung des Urheberrechts in den einzelnen EU-Mitgliedstaaten und soll damit zur Errichtung des Binnenmarktes beitragen und vor Wettbewerbsverzerrungen schützen[32].

Darüber hinaus wird mit der Richtlinie auf die Bedürfnisse der Informationsgesellschaft reagiert, welcher der Zugriff auf die Ergebnisse schöpferischer Tätigkeit erleichtert werden soll, ohne die Urheberrechte zu stark einzuschränken[33]. Ein Ergebnis dieser Intention ist beispielsweise die Regelung des Rechtes der öffentlichen Zugänglichmachung in Artikel 3 der Richtlinie, welches mit der Schaffung des § 19a UrhG in das deutsche Recht aufgenommen wurde.

Die Mitgliedstaaten waren nach Artikel 13 Absatz 1 der Richtlinie zur Anpassung der nationalen Rechtslage durch die Umsetzung der Richtlinie bis zum 22. Dezember 2002 verpflichtet.

Während die persönlichkeitsrechtlichen Aspekte des Urheberrechts nach Erwägungsgrund 19 durch die Richtlinie nicht berührt werden[34], definiert sie die wichtigsten Verwertungsrechte des Urhebers, nämlich das Vervielfältigungsrecht in Artikel 2, das Recht der öffentlichen Wiedergabe sowie das Recht der öffentlichen Zugänglichmachung in Artikel 3 und das Verbreitungsrecht in Artikel 4.

Ausnahmen und Beschränkungen der Rechte des Urhebers in Bezug auf das Vervielfältigungsrecht und das Recht der öffentlichen Wiedergabe sind

---

32 Vgl. Erwägungsgrund (1) der RL 2001/29/EG: „Der Vertrag sieht die Schaffung eines Binnenmarktes und die Einführung einer Regelung vor, die den Wettbewerb innerhalb des Binnenmarktes vor Verzerrungen schützt. Die Harmonisierung der Rechtsvorschriften der Mitgliedstaaten über das Urheberrecht und die verwandten Schutzrechte trägt zur Erreichung dieser Ziele bei."

33 Jacobs, Die neue Katalogbildfreiheit in: FS Tillmann, 2003, 50.

34 Erwägungsgrund (19) der RL 2001/29/EG: „Die Urheberpersönlichkeitsrechte sind im Einklang mit den Rechtsvorschriften der Mitgliedstaaten und den Bestimmungen der Berner Übereinkunft zum Schutz von Werken der Literatur und der Kunst, des WIPO-Urheberrechtsvertrags und des WIPO-Vertrags über Darbietungen und Tonträger auszuüben. Sie bleiben deshalb außerhalb des Anwendungsbereichs dieser Richtlinie."

in Artikel 5 abschließend[35] geregelt. Die Mitgliedstaaten dürfen daher außer den in Artikel 5 aufgezählten Ausnahmen und Schranken keine weiteren diesbezüglichen Beschränkungen vorsehen[36].

Artikel 5 der Richtlinie diente als Vorlage für die Reform des § 58 UrhG a.F. Dabei orientierte sich § 58 Abs. 1 UrhG (n.F.) an Artikel 5 Abs. 3 lit. j[37], während Artikel 5 Abs. 2 lit. c[38] Vorlage für § 58 Abs. 2 UrhG (n.F.) war[39]. Da sich die beiden genannten Regelungen der Richtlinie nur auf das Vervielfältigungsrecht und das Recht der öffentlichen Wiedergabe bzw. Zugänglichmachung, nicht jedoch auf das durch § 58 UrhG ebenfalls privilegierte Verbreitungsrecht beziehen, wird dieses aus Artikel 5 Absatz 4[40] der Richtlinie hergeleitet.

Die Urheberrechtsrichtlinie wurde mit dem am 13. September 2003 in Kraft getretenen Gesetz zur Regelung des Urheberrechts in der Informationsgesellschaft in deutsches Recht umgesetzt.

---

35 Vgl. Erwägungsgrund (32) der RL 2001/29/EG.

36 Wandtke/Bullinger/Lüft, Praxiskommentar zur UrhR, 4. Aufl. 2014, Vor §§ 44a ff., Rn. 5.

37 Artikel 5 Absatz 3 lit. j der RL 2001/29/EG: „Die Mitgliedstaaten können in den folgenden Fällen Ausnahmen und Beschränkungen in Bezug auf die in den Artikeln 2 und 3 vorgesehenen Rechte vorsehen: (...) für die Nutzung zum Zwecke der Werbung für die öffentliche Ausstellung oder den öffentlichen Verkauf von künstlerischen Werken in dem zur Förderung der Veranstaltung erforderlichen Ausmaß unter Ausschluss jeglicher anderer kommerzieller Nutzung (...).“

38 Artikel 5 Absatz 2 lit. c der Richtlinie 2001/29/EG: „Die Mitgliedstaaten können in den folgenden Fällen Ausnahmen oder Beschränkungen in Bezug auf das in Artikel 2 vorgesehene Vervielfältigungsrecht vorsehen: (...) in Bezug auf bestimmte Vervielfältigungshandlungen von öffentlich zugänglichen Bibliotheken, Bildungseinrichtungen oder Museen oder von Archiven, die keinen unmittelbaren oder mittelbaren wirtschaftlichen oder kommerziellen Zweck verfolgen (...).“

39 BT-Drs. 15/38, 21.

40 Artikel 5 Absatz 4 der RL 2001/29/EG: „ Wenn die Mitgliedstaaten gemäß Absatz 2 oder 3 eine Ausnahme oder Beschränkung in Bezug auf das Vervielfältigungsrecht vorsehen können, können sie entsprechend auch eine Ausnahme oder Beschränkung in Bezug auf das Verbreitungsrecht im Sinne von Artikel 4 zulassen, soweit diese Ausnahme durch den Zweck der erlaubten Vervielfältigung gerechtfertigt ist.“

b. Die Umsetzung der Richtlinie in deutsches Recht

Im Zuge der Umsetzung der Richtlinie in deutsches Recht wurde auch § 58 UrhG reformiert.

Zu den Änderungen gehört, dass § 58 UrhG n.F. sich nunmehr ausdrücklich nicht nur auf Werke der bildenden Künste sondern auch auf Lichtbildwerke erstreckt und die Privilegierung nach § 58 Abs. 1 UrhG n.F. nicht nur im Hinblick auf öffentliche Ausstellungen und Versteigerungen gilt sondern für öffentliche Verkäufe aller Art. Außerdem wurde in Absatz 1 die Beschränkung des Erlaubnistatbestands auf die Vervielfältigung bzw. Verbreitung eines Werkes in Verzeichnissen aufgehoben und gar kein spezielles Medium mehr genannt wird, so dass der Anwendungsbereich der Norm deutlich erweitert worden ist und außerdem die öffentliche Zugänglichmachung gestattet[41].

Eine der wichtigsten Änderungen ist außerdem die Erweiterung des Privilegierungstatbestands nach § 58 Abs. 1 UrhG n.F. auf Werbemaßnahmen. Im Folgenden werden die Tatbestandsmerkmale von § 58 Abs. 1 UrhG n.F. bzw. § 58 Abs. 2 UrhG n.F. im Einzelnen dargestellt.

III. § 58 Abs. 1 UrhG[42]

> § 58 Abs. 1 UrhG:
>
> *Zulässig ist die Vervielfältigung, Verbreitung und öffentliche Zugänglichmachung von öffentlich ausgestellten oder zur öffentlichen Ausstellung oder zum öffentlichen Verkauf bestimmten Werken der bildenden Künste und Lichtbildwerken durch den Veranstalter zur Werbung, soweit dies zur Förderung der Veranstaltung erforderlich ist.*

Sofern die Voraussetzungen des § 58 Abs. 1 UrhG erfüllt sind, dürfen bestimmte urheberrechtlich geschützte Werke genehmigungs- und vergütungsfrei[43] vervielfältigt, verbreitet und öffentlich zugänglich gemacht werden.

---

41 Fromm/Nordemann/Czychowski, Urheberrecht, 11. Aufl. 2014, § 58 Rn. 4.

42 Im Folgenden wird auf den Zusatz „n.F.“ verzichtet. Sofern nicht anderweitig gekennzeichnet, beziehen sich die Ausführungen ausschließlich auf die aktuelle Fassung des § 58 UrhG.

43 Schricker/Loewenheim/Vogel, UrhR, 4. Aufl. 2010, § 58 Rn. 1; Dreier/Schulze/Dreier, UrhG, 4. Aufl. 2013, § 58 Rn. 1.

1. Privilegierte Nutzungshandlungen

Die von § 58 Abs. 1 UrhG privilegierten Nutzungshandlungen sind die in § 16 UrhG geregelte Vervielfältigung, die Verbreitung nach § 17 UrhG sowie die neu geschaffene, in § 19a UrhG niedergelegte öffentlichen Zugänglichmachung eines Werkes.

2. Werke der bildenden Künste und Lichtbildwerke

§ 58 UrhG Abs. 1 bezieht sich auf die Wiedergabe von Werken der bildenden Künste im Sinne des § 2 Abs. 1 Nr. 4 UrhG sowie auf die Wiedergabe von Lichtbildwerken nach § 2 Abs. 1 Nr. 5 UrhG[44]. Nachdem § 58 UrhG a.F. lediglich analog auf Lichtbildwerke angewandt wurde, sind diese nunmehr explizit von der Regelung erfasst[45].

Die Privilegierung gilt jedoch ausschließlich für die abgebildeten Werke selbst und nicht gleichzeitig für Fotografien davon. Das bedeutet, dass im Falle einer Wiedergabe nach § 58 Abs. 1 UrhG die Rechte der Fotografen[46], die die Werkabbildungen angefertigt haben, regelmäßig einzuholen sind[47].

3. Zur öffentlichen Ausstellung oder zum öffentlichen Verkauf bestimmt

Zulässig ist die Nutzung von Werken, die öffentlich ausgestellt oder zur öffentlichen Ausstellung bzw. zum öffentlichen Verkauf bestimmt sind.

---

44 Dreier/Schulze/Dreier, UrhG, 4. Aufl. 2013, § 58 Rn. 3; Dreyer/Kotthoff/Meckel/Dreyer, HK-Urheberrecht, 3. Aufl. 2013, § 58 Rn. 3.

45 Im Folgenden ist der Einfachheit halber nur von Werken oder Werken der bildenden Künste die Rede; gemeint sind dabei immer die in § 58 Abs. 1 UrhG gennannten Werke.

46 Sie sind i.d.R. nach § 72 UrhG geschützt; in Ausnahmefällen können die Fotografien ihrerseits die für § 2 Abs. 1 Nr. 5 UrhG erforderliche Schöpfungshöhe für Lichtbildwerke erreichen.

47 Schricker/Loewenheim/Vogel, UrhR, 4. Aufl. 2010, § 58 Rn. 9; Dreyer/Kotthoff/Meckel/Dreyer, HK-Urheberrecht, 3. Aufl. 2013, § 58 Rn. 18; Dreier/Schulze/Dreier, UrhG, 4. Aufl. 2013, § 58 Rn. 1; *In der Praxis wird es häufig so sein, dass die Fotografen im Auftrag eines Museums, einer Galerie oder eines Auktionshauses tätig geworden sind und sich die Vertragsparteien zuvor über die Nutzungsrechte geeinigt haben.*

Öffentlich meint in diesem Zusammenhang, dass keine personenbezogene Beschränkung des Teilnehmerkreises stattfindet[48]. Mit der Formulierung *Bestimmung zum öffentlichen Verkauf bzw. zur öffentlichen Ausstellung* hat der Gesetzgeber klargestellt, dass ein Werk nicht zwingend dauerhaft ausgestellt sein muss, um unter die Privilegierung des § 58 Abs. 1 UrhG zu fallen. Damit werden sowohl Werke erfasst, die zeitweise nicht ausgestellt werden, als auch solche, die für eine Ausstellung vorgesehen waren, aber kurzfristig vom Leihgeber zurückgezogen wurden bzw. im Rahmen einer sogenannten Wanderausstellung nicht an allen Ausstellungsorten gezeigt werden[49].

4. Werbung

Das zentrale Element des § 58 Abs. 1 UrhG ist das Tatbestandsmerkmal der *Werbung...soweit dies zur Förderung der Veranstaltung erforderlich ist*, das den Dreh- und Angelpunkt für das Verständnis und die Auslegung der Regelung darstellt. Alle Handlungen, die sich nicht unter den Terminus *Werbung* subsumieren lassen – oder die das Maß des Erforderlichen[50] überschreiten – sind nicht von der Privilegierung der Schrankenregelung erfasst.

Bestimmte Maßnahmen werden unstreitig als zulässige Werbung eingeordnet, darunter Plakate und Anzeigen in Zeitungen oder im Internet[51].

Darüber hinaus handelt es sich auch bei Auktions- und Verkaufskatalogen um Werbemaßnahmen im Sinne des § 58 Abs. 1 UrhG. Diese Kataloge werden nämlich regelmäßig vor der jeweiligen Verkaufsveranstaltung verbreitet und sollen sowohl über die anstehende Veranstaltung informieren als auch zu deren Besuch anregen[52].

Es stellt sich jedoch die Frage, wie weit der Begriff der Werbung nach § 58 Abs. 1 UrhG insgesamt auszulegen ist, denn im Urheberrechtsgesetz selbst werden weder eine Definition gegeben noch Beispielsfälle genannt.

---

48 Dreyer/Kotthoff/Meckel/Dreyer, HK-Urheberrecht, 3. Aufl. 2013, § 58 Rn. 6.

49 Mestmäcker/Schulze/Kirchmaier, UrhKomm, AL 37, § 58 Rn. 10.

50 Siehe Seite 40 ff.

51 Fromm/Nordemann/Czychowski, Urheberrecht, 11. Aufl. 2014, § 58 Rn. 13; Schricker/Loewenheim/Vogel, UrhR, 4. Aufl. 2010, § 58 Rn. 18.

52 Mestmäcker/Schulze/Kirchmaier, UrhKomm, AL 37, § 58 Rn. 10.

Im Folgenden sollen verschiedene Interpretationsansätze betrachtet werden.

a. Mögliche Quellen für die Interpretation des Begriffes der Werbung

Weil die Neufassung des § 58 UrhG auf die Umsetzung der Richtlinie 2001/29/EG zurückgeht[53], ist diese Richtlinie die wichtigste Quelle für die Auslegung des Gesetzes.

Im deutschen Richtlinientext wird der Terminus *Werbung* zwar gebraucht, jedoch wird er dort nicht definiert. Somit können aus dieser Quelle keine Rückschlüsse für die Interpretation des Begriffes im deutschen Recht gezogen werden.

Einen Hinweis auf mögliche Auslegungen des Terminus *Werbung* könnten jedoch die englische, die spanische sowie die französische Übersetzung des Textes der Richtlinie 2001/29/EG[54] geben.

(1) Fremdsprachliche Versionen des Textes der Richtlinie 2001/29/EG

Im englischen Richtlinientext heißt es in Artikel 5 Absatz 3 lit. j der Richtlinie: “use for the purpose of *advertising* the public exhibition or sale of artistic works (…)“

Das Verb “to advertise” kann sowohl mit “ankündigen”, als auch mit “werben” ins Deutsche übersetzt werden[55].

Gleiches gilt für die spanische Übersetzung des Richtlinientextes. Dort heißt es: „cuando el uso tenga la finalidad de *anunciar* la exposición pública o la venta de obras de arte (…)”

Der Begriff “anunciar” kann ebenfalls mit „ankündigen“ wie auch im Sinne von „werben“ in die deutsche Sprache übersetzt werden[56].

In der französischen Übersetzung lautet die Passage: „lorsqu’il s’agit d’une utilisation visant à *annoncer* des expositions publiques ou des ventes d’oeuvres artistiques (…)”

---

53 Siehe Seite 27 ff.

54 Die Übersetzungen des Richtlinientextes sind erhältlich unter www.eur-lex.europa.eu.

55 Vgl. die Angaben beim Übersetzungsdienst www.leo.org.

56 Ebenda.

Bemerkenswert ist, dass das französische Verb “annoncer” im Deutschen lediglich „ankündigen“ „anmelden“ oder „annoncieren“ bedeutet, während es nicht explizit mit „werben“ übersetzt werden kann[57]. Das Wort „werben“ wird vielmehr mit dem sperrigen Begriff „faire de la publicité“ ins Französische übersetzt[58]. Allerdings meint der aus dem Französischen stammende und hierzulande gebräuchliche Begriff *annoncieren*, dass eine (Zeitungs-)
Anzeige aufgegeben wird. Bei einer Anzeige handelt es sich wiederum um eine klassische Form der Werbung. Daher liegt die Vermutung nahe, dass man das Verb „annoncer“ im französischen Richtlinientext als ausreichend erachtet hat, zumal die Werbung für eine Veranstaltung gleichzeitig als Ankündigung fungiert.

Dennoch ergibt sich aus den unterschiedlichen Übersetzungsmöglichkeiten der genannten fremdsprachlichen Richtlinientexte keine eindeutige Tendenz, aus der Schlussfolgerungen für die Interpretation des Begriffes *Werbung* in § 58 Abs. 1 UrhG gezogen werden könnten.

(2) Begriff der Werbung in der Europäischen Irreführungsrichtlinie 84/450 EWG

Einen weiteren möglichen Anhaltspunkt für die Auslegung könnte Artikel 2 Ziffer 1 der Europäischen Irreführungsrichtlinie[59] geben, wo der Begriff *Werbung* legaldefiniert ist[60]. Danach ist Werbung *jede Äußerung bei der Ausübung eines Handels, Gewerbes, Handwerks oder freien Berufs mit dem Ziel, den Absatz von Waren oder die Erbringung von Dienstleistungen, einschließlich unbeweglicher Sachen, Rechte und Verpflichtungen zu fördern*[61].

Bereits der Wortlaut dieser Definition zeigt allerdings auf, dass sie nicht dazu geeignet ist, den Begriff *Werbung* im Zusammenhang mit § 58 Abs. 1 UrhG zu erläutern. Die Definition bezieht sich nämlich ausschließlich auf

57 Ebenda.

58 Ebenda.

59 RL 84/450 EWG des Rates zur Angleichung der Rechts- und Verwaltungsvorschriften der Mitgliedstaaten über irreführende Werbung v. 10.9.1984; Amtsblatt Nr. L 250 vom 19/09/1984 S. 0017 – 0020.

60 Vgl. Jacobs, FS Tillmann, 2003, 58.

61 Artikel 2 Ziffer 1 der Richtlinie 84/450 EWG.

kommerzielle Tätigkeiten wie Handel, Gewerbe, Handwerk oder freie Berufe.

Während Kunstauktionen und -handel zwar unter die Termini Handel bzw. Gewerbe subsumiert werden können, so bezieht sich die Privilegierung des § 58 Abs. 1 UrhG eben nicht nur auf Werbung für derartige Veranstaltungen, sondern auch auf (öffentliche) Ausstellungen, die unter keine der in Artikel 2 Ziffer 1 der Irreführungsrichtlinie genannten Tätigkeiten fallen. Darüber hinaus muss berücksichtigt werden, dass die Irreführungsrichtlinie eine andere Zielrichtung verfolgt, als die Urheberrechtsrichtlinie 2001/29/EG.

Zweck der Irreführungsrichtlinie ist der Schutz der Verbraucher, der Personen, die einen Handel oder ein Gewerbe betreiben oder ein Handwerk oder einen freien Beruf ausüben, sowie der Interessen der Allgemeinheit gegen irreführende Werbung und deren unlautere Auswirkungen[62].

Die Urheberrechtsrichtlinie 2001/29/EG hingegen dient in erster Linie dazu, das Urheberrecht in den verschiedenen Mitgliedstaaten der Europäischen Union anzugleichen und auf neue technische Entwicklungen zu reagieren[63]. Mit dem Schutz gegen irreführende Werbung hat dies nichts zu tun.

Angesichts dieser Umstände kann die Legaldefinition des Begriffes *Werbung* aus der Irreführungsrichtlinie nicht zur Auslegung des § 58 Abs. 1 UrhG herangezogen werden[64].

(3) Definitionen des Begriffes Werbung in Wirtschafts-Lexika

Genauere Definitionen für die grammatikalische Auslegung des Begriffes der *Werbung* ergeben sich aus verschiedenen Lexika.

---

62 Vgl. Artikel 1 der Richtlinie 84/450 EWG.

63 Siehe Seite 28.

64 A.A. Jacobs, FS Tillmann, 2003, 58, der zumindest die weite Auslegung des Terminus *Werbung* innerhalb der Irreführungsrichtlinie als maßgeblich für das Verständnis des Begriffes der *Werbung* gemäß der Urheberrechtsrichtlinie 2001/29/EG ansieht.

(a) Definition im Duden Wirtschaft[65]

Der Duden Wirtschaft definiert Werbung als Instrument der Kommunikationspolitik im Rahmen des Marketings. Danach hat Werbung folgende Funktionen:

BEKANNTMACHUNGSFUNKTION, indem sie auf Produkte, Dienstleistungen oder Ideen hinweist,

INFORMATIONSFUNKTION, indem sie auf Merkmale wie Produkteigenschaften, -qualitäten, -verwendung und -preise hinweist,

SUGGESTIONSFUNKTION, weil Werbung emotionale Kräfte durch Elemente wie Farben, Bilder und Musik freisetzt, die dem Umworbenen den Eindruck vermitteln, durch das beworbene Objekt den Zielen seiner Wunsch- und Traumwelt näherzukommen,

IMAGEFUNKTION, wenn Werbung das Werbeobjekt so präsentiert, dass es sich positiv von Konkurrenzprodukten unterscheidet,

ERINNERUNGSFUNKTION, da sie durch mehrfaches Wiederholen der Werbebotschaft Gedächtniswirkungen und Lernprozesse bezüglich des Werbeobjekts hervorruft.

Insgesamt wird Werbung hier als gesteuerte Form der Beeinflussung von Menschen bezeichnet, die durch den Einsatz von Werbemitteln – beispielsweise Anzeigen, Fotos und Werbespots – und Werbeträgern oder Werbemedien – z. B. Zeitung, Fernsehen, Plakatwände – erfolgt, um den Absatz von Waren und Dienstleistungen zu fördern[66].

In Bezug auf diese Definition dient die Abbildung von Werken im Rahmen der Ankündigung einer öffentlichen Ausstellung oder eines öffentlichen Verkaufs nach § 58 Abs. 1 UrhG in erster Linie der Bekanntmachungs- und Informationsfunktion sowie der Erinnerungsfunktion von Werbung, denn dadurch wird der Öffentlichkeit die Tatsache des Verkaufs bzw. der Ausstellung eines bestimmten Werkes bekanntgegeben und sie wird gleichzeitig über dessen optische Eigenschaften informiert.

65 Duden Wirtschaft von A bis Z, 306-307.

66 Duden Wirtschaft von A bis Z, 306-307.

i. Bekanntmachung- und Informationsfunktion

Im Zusammenhang mit dem Privilegierungszweck des § 58 Abs. 1 UrhG wird der Abbildung eines Werkes in einem Werbemittel eine besonders wichtige Rolle zuteil: Potentielle Käufer oder Ausstellungsbesucher werden dadurch zunächst auf die Tatsache des Verkaufs bzw. der Ausstellung hingewiesen, ihr Interesse wird geweckt und zusätzlich wird über die optischen Eigenschaften der Verkaufs- bzw. Ausstellungsobjekte informiert. Gerade diese optischen Eigenschaften haben für Kunstwerke eine entscheidende Bedeutung, denn regelmäßig zeichnen sie sich gerade durch ihr Aussehen und ihre Gestalt aus.

ii. Erinnerungsfunktion

Durch länger andauernde Werbemaßnahmen wie das Anbringen von Plakaten sowie durch Wiederholung – beispielsweise das mehrmalige Schalten von Anzeigen in Tageszeitungen – erfüllt diese Form der Werbung zudem die Erinnerungsfunktion: Die beworbene Veranstaltung wird im Bewusstsein der Adressaten verankert bzw. diese werden daran erinnert, die betreffende Veranstaltung zu besuchen.

(b) Definition im Brockhaus Wirtschaft

Der *Brockhaus Wirtschaft* versteht unter Werbung jede Darbietung von Botschaften, die das Ziel verfolgt, Einstellungen und Handlungen der Adressaten zugunsten des Werbetreibenden zu beeinflussen[67].

Die Beeinflussung zugunsten des Werbetreibenden ist in den von § 58 Abs. 1 UrhG genannten Fällen darin zu sehen, dass die Adressaten der Werbung (das Publikum bzw. potentielle Käufer) durch die Abbildung eines oder mehrerer Werke dazu veranlasst werden sollen, möglichst zahlreich die angepriesene Veranstaltung zu besuchen und – im Falle von Verkaufsveranstaltungen – gegebenenfalls die angebotenen Werke zu erwerben. Das Ziel besteht darin, eine möglichst große Besucher- bzw. Käuferschar anzuziehen.

---

67 Der Brockhaus Wirtschaft, 662.

Da alle Maßnahmen im Rahmen des § 58 Abs. 1 UrhG mit dem Ziel erfolgen, Einstellungen und Handlungen der Adressaten zugunsten des Werbetreibenden zu beeinflussen, sind sie nach der Definition des *Brockhaus Wirtschaft* als Werbung zulässig.

b. Zwischenergebnis

Die Auswertung der genannten Definitionen des Begriffes *Werbung* macht deutlich, dass es nicht möglich ist, abschließend aufzuzählen, welche (Einzel-)Maßnahmen unter diesen Terminus subsumiert werden können. Darüber hinaus muss berücksichtigt werden, dass sich erfolgreiche Werbung unter anderem durch ihre Originalität auszeichnet, weil dadurch besondere Aufmerksamkeit beim Betrachter erzeugt wird und sie diesem stärker im Gedächtnis bleibt. Originalität wird vor allem durch neue Ideen und Maßnahmen erreicht, die sich vom Althergebrachten unterscheiden.

Daher sind unter Werbung im Sinne des § 58 Abs. 1 UrhG sämtliche Handlungen zu verstehen, die die Funktion von Werbung erfüllen. Dabei muss es sich nicht um konventionelle Methoden handeln, denn gerade das Neue, noch nicht Dagewesene bleibt beim Publikum in Erinnerung und macht es neugierig.

c. Sonderfall Museumskataloge

Ein spezielles Problem im Zusammenhang mit der Auslegung des Begriffes der Werbung ist die Frage, inwiefern klassische Museumskataloge unter diesen Terminus subsumiert werden können und damit von der Privilegierung des § 58 Abs. 1 UrhG erfasst sind. Während Museumskataloge jedenfalls Verzeichnisse im Sinne des § 58 Abs. 2 UrhG sind[68], so ist zweifelhaft, ob diese Kataloge auch eine Werbefunktion im Sinne des § 58 Abs. 1 UrhG erfüllen.

Praktisch relevant ist diese Thematik deshalb, weil § 58 Abs. 1 UrhG auch die öffentliche Zugänglichmachung nach § 19a UrhG gestattet, so dass im Hinblick auf Maßnahmen, die unter den Begriff Werbung fallen, eine Verbreitung über das Internet gestattet ist. Nach § 58 Abs. 2 UrhG,

---

68 Siehe dazu auch Seite 68.

der die öffentliche Zugänglichmachung nicht erwähnt, ist dies jedoch gerade nicht erlaubt.

Der klassische Museumskatalog, der der reinen Erläuterung einer Ausstellung dient[69], zeichnet sich dadurch aus, dass er nur im jeweils ausstellenden Museum erhältlich ist. Das bedeutet, dass sich der Käufer eines solchen Katalogs zum Zeitpunkt des Erwerbs bereits im Museum befindet, um die Ausstellung zu besuchen. Durch den Katalog wird also kein besonderer Anreiz zum Besuch des Museums bzw. der Ausstellung geschaffen. Auch wird hiermit die Ausstellung nicht bekannt gemacht. Durch den Ausstellungskatalog wird die Veranstaltung nicht im Sinne von Werbung gefördert[70]. Somit sind klassische Ausstellungs- und Museumskataloge nicht vom Begriff der Werbung im Sinne des § 58 Abs. 1 UrhG erfasst, mit der Folge, dass eine öffentliche Zugänglichmachung dieser Kataloge nach § 19a UrhG nicht erlaubt ist.

Anders zu bewerten sind hingegen Auktions- und sonstige Verkaufskataloge. Diese werden regelmäßig im Vorfeld der betreffenden Veranstaltung an potentielle Käufer verschickt, um diese über das Angebot zu informieren und deren Interesse zu wecken. Im Unterschied zu Museumskatalogen haben solche Kataloge eine Werbefunktion und werden durch § 58 Abs. 1 UrhG privilegiert[71].

Die unterschiedliche Behandlung erscheint gerechtfertigt angesichts der Tatsache, dass klassische Ausstellungs- und Museumskataloge eben gerade zur Werkerläuterung innerhalb einer Ausstellung dienen. Es gibt somit keinen praktischen Grund, weshalb diese Kataloge im Sinne des § 19a UrhG öffentlich zugänglich gemacht werden müssten.

69 In Abgrenzung zu den großformatigen Bildbänden, die häufig parallel zu einem herkömmlichen Ausstellungskatalog im kommerziellen Buchhandel vertrieben werden; diese sind weder von § 58 Abs. 1 UrhG noch von § 58 Abs. 2 UrhG erfasst; siehe in diesem Zusammenhang zu § 58 a.F. BHG GRUR 1994, 800, 802 – Museumskatalog.

70 A.A. Jacobs, Die neue Katalogbildfreiheit in: Keller u.a., Festschrift für Winfried Tilmann, 59.

71 Siehe Seite 32.

5. Zur Förderung der Veranstaltung erforderliches Maß

Nach dem Wortlaut des § 58 Abs. 1 UrhG soll Werbung nicht uneingeschränkt zulässig sein, sondern diese muss außerdem *zur Förderung der Veranstaltung erforderlich* sein.

Bei dieser Formulierung hat sich der Gesetzgeber offensichtlich am Wortlaut des Artikels 5 Absatz 3 lit. j der Urheberrechtsrichtlinie 2001/29/EG[72] orientiert.

Sie bringt zum einen zum Ausdruck, dass die Nutzung eines Werkes nur dann zulässig ist, wenn sie räumlich, zeitlich und inhaltlich der unmittelbaren Förderung des Ausstellungs- oder Versteigerungszwecks dient[73]. In inhaltlicher Hinsicht wird jedoch zum Teil argumentiert, dass diese Formulierung auch das zulässige Ausmaß der Werbung begrenze[74].

Ob die gewählte Formulierung dazu geeignet ist, den Umfang einer Maßnahme zu beschränken, die zunächst unter den Begriff der *Werbung* subsumiert werden kann, ist allerdings zweifelhaft. Wie oben[75] gesehen, zeichnet sich Werbung gerade dadurch aus, dass sie stets dazu geeignet ist, eine Veranstaltung zu fördern.

Sinn und Zweck von Werbung für Veranstaltungen ist es – je nach der Natur der beworbenen Veranstaltung – entweder die Besucherzahlen einer Ausstellung oder den Erlös eines zum Verkauf angebotenen Werkes zu maximieren. Insofern gibt es kein bestimmtes zur Förderung der Veranstaltung erforderliches Maß an Werbung. Je intensiver die Werbung, desto mehr Besucher bzw. Kaufinteressenten werden angesprochen (und desto stärker wird die Veranstaltung gefördert). Insofern ist sämtliche derartige Werbung auch erforderlich.

---

72 Danach können die Mitgliedstaaten unter anderem Ausnahmen und Beschränkungen „für die Nutzung zum Zwecke der Werbung für die öffentliche Ausstellung oder den öffentlichen Verkauf von künstlerischen Werken in dem zur Förderung der betreffenden Veranstaltung erforderlichen Ausmaß unter Ausschluss jeglicher anderer kommerzieller Nutzung“ zulassen.

73 Dreyer/Kotthoff/Meckel/Dreyer, HK-UrhR, 3. Aufl. 2013, § 58 Rn. 10.

74 Die Erforderlichkeit richte sich nach der Branchenüblichkeit, vgl. Jacobs, Die neue Katalogbildfreiheit in: Keller u.a., Festschrift für Winfried Tilmann, 60; LG Berlin, Urt. v. 31.5.2007, 16 O 41/06; Mercker, Die Katalogbildfreiheit, 141.

75 Seite 38.

a. Praxisfall: Der Umfang und die Ausgestaltung einer Werbeanzeige als Bewertungskriterium für das Maß des Erforderlichen

Mit der Frage, ob das Maß des Erforderlichen durch eine bestimmte Werbemaßnahme überschritten werden kann, haben sich das Landgericht Berlin[76] und in der Berufungsinstanz – wenn auch nur in einer prozessleitenden Stellungnahme – das Kammergericht[77] auseinandergesetzt. In dem zugrundeliegenden Fall hatte ein großes deutsches Auktionshaus im Rahmen einer bevorstehenden Auktion eine 72-seitige farbige Werbeanzeige in einem renommierten Kunstmagazin geschaltet, die hinter dem redaktionellen Teil als Beilage in eine Ausgabe des monatlich erscheinenden Magazins integriert war.

Die Anzeige war optisch wie ein Auktionskatalog gestaltet. Abgebildet wurden zahlreiche der zum Verkauf stehenden urheberrechtlich geschützten Werke – allerdings ohne die für die Auktion zugewiesenen Losnummern. Außerdem wurden Informationen über die Partner des Auktionshauses und deren Niederlassungen samt Kontaktdaten angegeben.

Die Verwertungsgesellschaft Bild-Kunst (VG Bild-Kunst), die die Rechte der Urheber der meisten der in der Anzeige abgebildeten Werke wahrnimmt, war der Ansicht, dass diese Maßnahme nicht mehr von § 58 Abs. 1 UrhG gedeckt sei und verlangte Lizenzgebühren für die Nutzung der Werke. Eine wesentliche Rolle spielte hierbei die Tatsache, dass in der Anzeige eine Vielzahl unterschiedlicher Werke gleichzeitig abgebildet war, wodurch nach Meinung der Verwertungsgesellschaft das zur Förderung der Veranstaltung erforderliche Maß an Werbung überschritten worden sei. Als das Auktionshaus, das die Anzeige geschaltet hatte, sich weigerte, die von der VG Bild-Kunst geforderten Gebühren zu zahlen, erhob sie Klage auf Zahlung. Der Klage wurde in der ersten Instanz weitgehend stattgegeben.

Im Hinblick auf die Kernfrage des Falls nach der Erforderlichkeit von Werbung im Sinne des § 58 Abs. 1 UrhG vertrat das Landgericht die Ansicht, dass sich dies anhand der Branchenüblichkeit beurteile, machte aber keine näheren Angaben dazu, was branchenüblich sei. Stattdessen entschied das Gericht, dass die streitgegenständliche Werbung keine sinnvolle Fortentwicklung der Branchengepflogenheiten darstelle, da bei der An-

76 LG Berlin, 31. 05. 2007, 16 O 41/06 (ZUM-RD 2007, 421 ff.).
77 KG 5 U 98/07 (nicht veröffentlicht); siehe dazu Mercker, ZUM 2010, 397 ff.

zeige eine kommerzielle Nutzung der abgebildeten Werke zur Imagewerbung des Auktionshauses im Vordergrund stehe.

Das zur Zahlung der Lizenzgebühren verurteilte Auktionshaus legte Berufung beim Kammergericht ein. Zwar wurde diese schließlich zurückgezogen, so dass es zu keinem zweitinstanzlichen Urteil kam, jedoch hatte sich das Kammergericht zuvor in einer prozessleitenden Stellungnahme geäußert, aus der einige hilfreiche Hinweise zur Auslegung des § 58 Abs. 1 UrhG hervorgehen.

Neben der Einschätzung, dass ein Veranstalter im Sinne des § 58 Abs. 1 UrhG im Unterschied zu § 58 UrhG a.F. nicht mehr gleichzeitig Herausgeber des betreffenden Werbeträgers sein müsse, liefert vor allem die Auseinandersetzung des Kammergerichts mit der Frage der Erforderlichkeit von Werbung Anhaltspunkte für die hier behandelte Thematik.

Wie das Landgericht ist auch das Kammergericht der Ansicht, dass im Rahmen einer nach § 58 Abs. 1 UrhG zulässigen Werbung nicht die Imagepflege des Veranstalters im Vordergrund stehen dürfe und geht davon aus, dass dies im vorliegenden Rechtsstreit jedoch der Fall sei. Diese Schlussfolgerung ergebe sich bereits aus dem Gesetzestext – schließlich sei dort die Rede von *Werbung ... im zur Förderung der VERANSTALTUNG erforderlichen Maß*.

Darüber hinaus meint das Kammergericht, die Anzahl der in der Werbeanzeige abgebildeten Werke tauge gerade nicht als Bewertungskriterium für die Frage nach dem zulässigen Maß an Werbung. Das einzelne Werk werde innerhalb einer Werbeanzeige nämlich nicht dadurch intensiver genutzt, dass daneben noch weitere Werke abgebildet sind.

Im Ergebnis schloss sich das Kammergericht in seiner Stellungnahme der erstinstanzlichen Entscheidung an, weil auch nach seiner Einschätzung nicht die Werbung für eine Veranstaltung, sondern die Imagepflege der Beklagten im Vordergrund gestanden habe und insofern eine Privilegierung nach § 58 Abs. 1 UrhG nicht gegeben sei.

Angesichts der Berufungsrücknahme der Beklagten ist jedoch kein zweitinstanzliches Urteil in der Sache ergangen.

Bewertung des Falles im Lichte der in dieser Arbeit vertretenen Auffassung

Nach der hier vertretenen Auffassung stehen sowohl der Umfang der Anzeige sowie die Tatsache, dass sie Abbildungen vieler unterschiedlicher Werke enthielt, einer Zulässigkeit der Werbemaßnahme nach § 58 Abs. 1

UrhG nicht im Wege. Wie das Kammergericht zutreffend angemerkt hat, kann es keinen Unterschied machen, ob nur eines der angebotenen Werke wiedergegeben wird, oder mehrere gleichzeitig. Die Schrankenregelungen sind im Hinblick auf jedes urheberrechtlich geschützte Werk einzeln anzuwenden und auszulegen. Insofern kann die Addition mehrerer (zulässiger) Einzelmaßnahmen nicht bedeuten, dass die Summe der Abbildungen nicht von § 58 Abs. 1 UrhG gedeckt ist. Die Tatsache, dass die Werbeanzeige optisch wie ein Auktionskatalog gestaltet war, spricht darüber hinaus für deren Privilegierung nach § 58 Abs. 1 UrhG, denn Auktionskataloge unterfallen ja gerade dem Anwendungsbereich der Vorschrift. Inwiefern bei dieser Werbemaßnahme allerdings die Imagepflege des Auktionshauses im Vordergrund stand kann hier nicht abschließend beurteilt werden.

b. Grundsatz der engen Auslegung urheberrechtlicher Schrankenbestimmungen

Im Zusammenhang mit der Interpretation des § 58 Abs. 1 UrhG wird regelmäßig auf Grundsatz der engen Auslegung urheberrechtlicher Schrankenbestimmungen verwiesen.

(1) Schutzgedanke des engen Auslegungsgrundsatzes

Damit der Urheber in seinem Anspruch auf Schutz seines geistigen Eigentums nicht unverhältnismäßig beeinträchtigt wird, ist in Deutschland der Grundsatz anerkannt, dass Schranken des Urheberrechts eng auszulegen sind, weil sie Ausnahmetatbestände regeln[78].

Dahinter steht der Gedanke, dass der Urheber tunlichst an der wirtschaftlichen Nutzung seiner Werke angemessen zu beteiligen ist und seine Ausschließlichkeitsrechte in Bezug auf die Werkverwertung deshalb nicht übermäßig beschnitten werden dürfen[79].

Während der Grundsatz der engen Schrankenauslegung einen legitimen und nachvollziehbaren Zweck verfolgt, stellt sich die Frage, ob in be-

---

78 Wandtke/Bullinger/ Lüft, Praxiskommentar zur UrhR, 4. Aufl. 2014, Vor §§ 44a ff., Rn. 1; Schricker/Loewenheim/Melichar, UrhR, 4. Aufl. 2010, Vor §§ 44a ff. Rn. 18; BGH GRUR 2001, 51, 52.

79 Schmid/Wirth/Seifert, UrhG, 2. Aufl. 2008, Vorbem. zu §§ 44a ff., Rn. 3.

stimmten Situationen eine genauere Analyse geboten ist, bevor bei der Interpretation der Schrankenregelungen der §§ 44a-63a UrhG automatisch auf diesen Grundsatz verwiesen wird.

Wenn diese enge Auslegung nämlich ausschließlich dem Schutz des Urhebers dient, so ergibt eine nähere Betrachtung der von § 58 Abs. 1 UrhG eingeräumten Privilegien, dass diese nicht nur der Allgemeinheit zugutekommen, sondern dass der Urheber selbst von den Rechtsfolgen dieser Vorschrift profitieren kann.

Sowohl die Werbung für Verkaufsveranstaltungen als auch die Werbung für Ausstellungen ist nämlich für den Urheber vorteilhaft. Im Hinblick auf Verkaufsveranstaltungen folgt dies insbesondere aus § 26 Abs. 1 UrhG, dem sogenannten Folgerecht.

(a) Beteiligungsanspruch des Urhebers aus dem Folgerecht

Ein für bildende Künstler bzw. Fotografen besonders bedeutsamer Rechtsanspruch ergibt sich aus dem Folgerecht gemäß § 26 Abs. 1 UrhG.

> § 26 Abs. 1 UrhG:
>
> *Wird das Original eines Werkes der bildenden Künste oder eines Lichtbildwerkes weiterveräußert und ist hieran ein Kunsthändler oder Versteigerer als Erwerber, Veräußerer oder Vermittler beteiligt, so hat der Veräußerer dem Urheber einen Anteil des Veräußerungserlöses zu entrichten. Als Veräußerungserlös im Sinne des Satzes 1 gilt der Verkaufspreis ohne Steuern. Ist der Veräußerer eine Privatperson, so haftet der als Erwerber oder Vermittler beteiligte Kunsthändler oder Versteigerer neben ihm als Gesamtschuldner; im Verhältnis zueinander ist der Veräußerer allein verpflichtet. Die Verpflichtung nach Satz 1 entfällt, wenn der Veräußerungserlös weniger als 400 Euro beträgt.*[80]

Der Zweck des im Jahre 1965 in Deutschland eingeführten Folgerechts besteht darin, den bildenden Künstler bzw. Fotografen an einer möglichen Wertsteigerung seiner Werke auch nach deren Erstveräußerung partizipieren zu lassen. Dem Urheber wird, unabhängig davon, ob der Verkäufer einen Gewinn erzielt hat, bei Weiterveräußerung des Werkes ein Anteil am

80 Nähere Bestimmungen finden sich in § 26 Abs. 2-8 UrhG; von der Wiedergabe wurde hier abgesehen.

Erlös zugesprochen.[81] Von der Folgerechtsabgabe ausgenommen sind allerdings Verkäufe, die ausschließlich unter Privatleuten stattfinden[82].

Im Unterschied zu den Verwertungsrechten des Urheberrechtsgesetzes, die materielle und ideelle Interessen des Urhebers vereinen, zeichnet sich das Folgerecht dadurch aus, dass es ausschließlich die vermögensrechtlichen Interessen des Urhebers schützt. Das Folgerecht ist ein Beteiligungsanspruch eigener Art, der mit dem Verbreitungsrecht des § 17 UrhG verknüpft ist.[83] Der Folgerechtsanspruch des Urhebers steht nicht dem in § 17 Abs. 2 UrhG kodifizierten Erschöpfungsgrundsatz im Wege, wonach die Weiterveräußerung eines Originalwerkes nach dessen Erstveräußerung nicht von der Zustimmung des Urhebers abhängig ist, jedoch wird jede Weiterveräußerung mit einer finanziellen Beteiligung des Urhebers belastet[84].

Ein Folgerecht besteht in Deutschland bereits seit 1965, jedoch geht die aktuelle Version des § 26 UrhG, die am 16. November 2007 in Kraft getreten ist, auf die Umsetzung der Richtlinie 2001/84/EG des Europäischen Parlaments und des Rates vom 27. September 2001 – die sog. Folgerechts-Richtlinie[85] – zurück. Eine der wesentlichen Vorgaben dieser Richtlinie ist, dass alle EU-Mitgliedstaaten seit dem 1. Januar 2006 in ihren jeweiligen Urheberrechtsgesetzen eine Regelung vorsehen müssen, die dem Urheber eines Originalkunstwerkes im Falle der Weiterveräußerung des betreffenden Werkes eine Beteiligung am Verkaufserlös einräumt[86]. Zwingend ist diese Regelung jedoch nur für den Verkauf von Werken ab einem Verkaufspreis von 3.000.- EUR, wobei es den einzelnen Mitgliedstaaten überlassen ist, ob sie diese Mindestgrenze unterschreiten und schon für niedrigere Veräußerungserlöse eine Folgerechtsabgabe vorsehen[87].

Eine Sonderregelung im Zusammenhang mit der Umsetzung der Richtlinie galt dabei für diejenigen Mitgliedstaaten, in denen es bisher kein Folgerecht gab – Österreich, die Niederlande, Großbritannien und Irland[88]. In

---

81 Schricker/Loewenheim/Katzenberger, UrhR, 4. Aufl. 2010, § 26 Rn. 2.

82 Dies folgt aus § 26 Abs. 1 S. 1 UrhG, wonach ein Anteil des Veräußerungserlöses zu entrichten ist, wenn an dem Geschäft ein Kunsthändler oder Versteigerer beteiligt ist.

83 Dreier/Schulze/Schulze, UrhG, 4. Aufl. 2013, § 26 Rn. 2.

84 Ebenda.

85 ABl. Nr. L 272 S. 32.

86 Vgl. Art. 1 Abs. 1 und Art. 12 Abs. 1 der Richtlinie 2001/84/EG.

87 Vgl. Art. 3 der Richtlinie 2001/84/EG.

88 Dreier/Schulze/Schulze, UrhG, 4. Aufl. 2013, § 26 Rn. 5.

diesen Ländern musste vor dem 1. Januar 2010 lediglich für die Werke noch lebender Künstler eine Folgerechtsabgabe erhoben werden, während die Abgabe an den Rechtsnachfolger eines verstorbenen Künstlers erst für nach dem o.g. Zeitpunkt stattfindende Veräußerungen zu entrichten war. Unter bestimmten Voraussetzungen bestand für die genannten Staaten die Möglichkeit, diese Sonderregelung bis zum Beginn des Jahres 2012 zu verlängern[89]. Von dieser Möglichkeit hat Großbritannien Gebrauch gemacht[90].

In Deutschland wird der Urheber nach § 26 Abs. 1 UrhG an der Weiterveräußerung seiner Werke beteiligt, sofern der Erlös mindestens 400,00 EUR beträgt und wenn an der Veräußerung ein Kunsthändler oder Versteigerer als Erwerber, Veräußerer oder Vermittler beteiligt ist.

Vergütungssätze[91]*:*

Vergütung	Veräußerungserlös in EUR
4 %	bis 50.000
3 %	zwischen 50.000,01 und 200.000
1 %	zwischen 200.000,01 und 350.000
0,5 %	zwischen 350.000,01 und 500.000
0,25 %	über 500.000

Nach § 26 Abs. 2 Satz 2 UrhG beträgt der Gesamtbetrag der Folgerechtsvergütung allerdings höchstens 12.500,00 EUR.

(b) Konsequenzen für die Werknutzung zur Werbung für Verkaufsveranstaltungen

Durch den Beteiligungsanspruch des § 26 Abs. 1 UrhG profitiert ein Künstler im Rahmen des § 58 Abs. 1 UrhG davon, dass durch Werbung regelmäßig höhere Preise für den Verkauf eines Werkes erzielt werden. Die Abbildung eines Werkes auf einem Plakat, mit dem für eine Verkaufsveranstaltung geworben wird, steigert die Bekanntheit und damit auch den

89 Vgl. Art. 8 Abs. 2 und 3 der Richtlinie 2001/84/EG.

90 Siehe Seite 96 f.

91 Die Vergütungssätze folgen aus § 26 Abs. 2 Satz 1 UrhG; die Sätze werden von Art. 4 Abs. 1 der Richtlinie 2001/84/EG verbindlich festgelegt.

Marktwert des Künstlers, der das Werk geschaffen hat. Derartige Maßnahmen wirken als prestigeträchtige Reklame, die mit keinerlei eigenen Kosten für den Urheber verbunden sind[92]. Werden Auktionen und Verkaufsausstellungen mit Abbildungen der Werke eines Künstlers beworben, so wird dadurch der Kreis der potentiellen Käufer vergrößert. Insbesondere bei Auktionen hat das zur Folge, dass aufgrund eines größeren Bieterkreises der Verkaufspreis deutlich ansteigen kann und ein Werk dadurch an Wert gewinnt. Höhere Verkaufserlöse machen sich bei der Weiterveräußerung eines Werkes über das Folgerecht auf dem Konto des Urhebers bemerkbar.

Selbst dann, wenn ein Werk, für dessen Verkauf mit einer Abbildung geworben wurde, letztendlich nicht verkauft wird, ist dies für den Künstler nicht nachteilig: Von dem Umstand, dass ein angebotenes Werk z.B. in einer Auktion nicht veräußert wurde, bekommt (zumindest im Falle von unbekannteren Künstlern, die besonders von Werbung profitieren) die Öffentlichkeit selten etwas mit, sofern sie nicht gezielt die betreffende Veranstaltung verfolgt. Hingegen wurden das Werk – bzw. dessen Urheber – durch die Werbemaßnahmen trotzdem einem breiteren Publikum bekannt gemacht.

(c) Konsequenzen für die Werknutzung zur Werbung für Ausstellungen

Wird das Werk eines Künstlers zur Werbung für eine Ausstellung genutzt, profitiert er, anders als in dem gerade beschriebenen Fall eines Verkaufes, in finanzieller Hinsicht nicht direkt von dieser Maßnahme.

Allerdings ist die Abbildung des Werkes auch in diesem Fall Ausdruck der Wertschätzung, die dem Künstler und dessen Schaffen entgegengebracht wird. Die Tatsache, dass ein Werk in einem Museum oder einer Galerie ausgestellt wird, und dieses mit der Abbildung des Werkes für die Ausstellung wirbt, steigert die Reputation und damit den Marktwert des betreffenden Urhebers. Aufgrund dieser mittelbaren Vorteile ist auch eine solche Nutzung im Interesse des Urhebers.

---

92 Gemeint sind hier nicht die Fälle, die gelegentlich an zeitgenössischen Künstlern zu beobachten sind, die extrem vermarktet werden und an deren Werken ein regelrechter Ausverkauf stattfindet. Dass eine allzu intensive Kommerzialisierung der Reputation eines Künstlers schaden kann, steht außer Frage.

(2) Keine Allgemeingültigkeit des engen Auslegungsgrundsatzes

Anstatt sämtliche urheberrechtlichen Schranken pauschal eng auszulegen, bedarf es also einer Betrachtung des Einzelfalls unter Berücksichtigung der Ratio der jeweiligen Schrankenregelung[93].

Da der Urheber von der Werbung für seine Werke im Sinne des § 58 Abs. 1 UrhG sowohl im Falle von Verkäufen als auch im Falle von Ausstellungen profitiert, kann der Grundsatz der engen Auslegung urheberrechtlicher Schrankenregelungen hier seinerseits nur eingeschränkt gelten.

Für diese Sichtweise spricht auch die Tatsache, dass der Gesetzgeber bei der Reform der Schrankenbestimmungen im Zuge der Umsetzung der Richtlinie 2001/29/EG darauf verzichtet hat, den sogenannten Dreistufentest, der dem Schutz des Urhebers vor einer Verwässerung seiner Rechte dienen soll, in das Schrankensystem des Urheberrechtsgesetz aufzunehmen[94].

(a) Der urheberrechtliche Dreistufentest

Bei dem Dreistufentest handelt es sich um eine Regel des internationalen Urheberrechts, mittels derer die Schranken des Urheberrechts ihrerseits beschränkt werden. Er stellt damit eine sogenannte Schrankenschranke dar[95], die einen sachgerechten Ausgleich zwischen den Interessen der Werkverwerter auf der einen und denjenigen der Nutzer auf der anderen Seite gewährleisten soll[96].

Eingeführt wurde der Dreistufentest im Zusammenhang mit der im Jahre 1967 in Stockholm abgehaltenen Konferenz zur Revision der Berner Übereinkunft zum Schutz von Werken der Literatur und Kunst. Mittlerweile findet er sich – mit jeweils nur leichten Variationen – auf internationaler Ebene in Artikel 9 Absatz 2 der Revidierten Berner Übereinkunft (RBÜ), in Artikel 13 des Agreement on Trade-Related Aspects of Intellectual Property Rights (TRIPS), in Artikel 10 des WIPO Copyright Treaty

---

93 Raue, FS Nordemann, 339; Loewenheim/Götting, Handbuch des Urheberrechts, 2. Aufl. 2010, § 30 Rn. 13.

94 Schricker/Loewenheim/Vogel, UrhR, 4. Aufl. 2010, § 58 Rn. 4.

95 Loewenheim/Götting, Handbuch des Urheberrechts, 2. Aufl. 2010, § 30 Rn. 21.

96 Senftleben, Grundprobleme des urheberrechtlichen Dreistufentests, GRUR Int. 2004, 200, 202.

(WCT) und in Artikel 16 Absatz 2 WIPO Performances and Phonograms Treaty (WPPT). Innerhalb der Gesetzgebung der Europäischen Union ist der Test unter anderem in Artikel 5 Absatz 5 der Urheberrechtsrichtlinie 2001/29/EG verankert[97]:

> *Die in den Absätzen 1, 2, 3 und 4 genannten Ausnahmen und Beschränkungen dürfen nur in bestimmten Sonderfällen angewandt werden, in denen die normale Verwertung des Werks oder des sonstigen Schutzgegenstands nicht beeinträchtigt wird und die berechtigten Interessen des Rechtsinhabers nicht ungebührlich verletzt werden.*

Um den Dreistufentest zu bestehen, müssen Beschränkungen der ausschließlichen Rechte des Urhebers drei kumulative Voraussetzungen erfüllen:

i. 1. Teststufe

Die erste Teststufe setzt voraus, dass die jeweilige Schranke auf bestimmte Sonderfälle begrenzt wird.

Der Begriff des Sonderfalls ist dabei in qualitativer Hinsicht auszulegen[98]. Danach kommt es bei der Beurteilung der Frage, ob ein Sonderfall im Sinne des Dreistufentests gegeben ist, darauf an, welchem Zweck die jeweilige Urheberrechtsbeschränkung dient. Wenn die Beschränkung der Durchsetzung von Grundrechten wie der Meinungsäußerungsfreiheit oder anderen wichtigen Belangen der Allgemeinheit dient, kann beispielsweise vom Vorliegen eines Sonderfalls ausgegangen werden[99].

Umstritten ist, welche Bedeutung dem Terminus *bestimmt* zukommt. Die englische Version des Begriffs *bestimmter Sonderfall* aus Artikel 9 Absatz 2 RBÜ lautet *certain special cases*. Diese Formulierung lässt unterschiedliche Interpretationsmöglichkeiten zu.

Von der Literatur wird aus dieser Bezeichnung, insbesondere wegen des Wortes *certain*, teilweise ein Bestimmtheitsgebot im Hinblick auf freige-

---

97 Senftleben, Grundprobleme des urheberrechtlichen Dreistufentests, GRUR Int. 2004, 200, 201.

98 Förster, 201; Senftleben, Grundprobleme des urheberrechtlichen Dreistufentests, GRUR Int. 2004, 200, 207.

99 Senftleben, Grundprobleme des urheberrechtlichen Dreistufentests, GRUR Int. 2004, 200, 207.

stellte Nutzungshandlungen hergeleitet[100]. Dies hätte zur Folge, dass eine Urheberechtsschranke nur dann mit den Vorgaben des Dreistufentests vereinbar wäre, wenn sie dem Muster enumerativer Schranken mit konkret benannten Ausnahmefällen entspricht[101]. Generalklauselartig ausgestaltete Urheberrechtsschranken würden somit möglicherweise nicht den Voraussetzungen der ersten Teststufe genügen.

Die englische Formulierung *certain special cases*, wie sie in Artikel 9 Absatz 2 RBÜ gebraucht wird, lässt aber auch die Schlussfolgerung zu, dass mit der Bezeichnung des *bestimmten Sonderfalls* lediglich zum Ausdruck gebracht werden soll, dass Urheberrechtsschranken hinreichend voneinander unterscheidbar sein müssen, damit die Freistellung *einiger* bzw. *gewisser* (als Synonyme für den Begriff *bestimmt*) abgrenzbarer Nutzungshandlungen erkennbar ist[102].

Dafür spricht, dass in der deutschen Fassung des Artikel 9 Abs. 2 RBÜ von *gewissen Sonderfällen* die Rede ist und die Worte *bestimmt* und *gewiss* tatsächlich synonym gebraucht werden.

Ein weiteres Indiz für die Annahme, dass die Formulierung kein gesondertes Bestimmtheitsgebot enthält, ist die Tatsache, dass im Rahmen der TRIPS-Verhandlungen von Seiten der USA der Vorschlag gemacht wurde, in den Text des Abkommens die Formulierung „klar und umsichtig definierte Sonderfälle“ als Voraussetzung für Schrankenregelungen aufzunehmen. Dieses wurde jedoch nicht in die Tat umgesetzt. Insofern ist davon auszugehen, dass ein dezidiertes Bestimmtheitsgebot innerhalb der ersten Teststufe nicht gewollt ist.[103]

Im Übrigen bedeutet die Tatsache, dass eine Urheberrechtsschranke in formaler Hinsicht als Generalklausel ausgestaltet ist, nicht notwendigerweise, dass der Umfang dieser Schranke auch inhaltlich unbestimmt sein muss. Zur Bestimmung des inhaltlichen Umfangs kann beispielsweise die Rechtsprechung durch die Entwicklung bestimmter Fallgruppen beitragen.[104]

---

100 Reinbothe/V. Lewinsky, The WIPO Treaties 1996, 124.

101 Förster, 196.

102 Senftleben, Grundprobleme des urheberrechtlichen Dreistufentests, GRUR Int. 2004, 200, 206.

103 Senftleben, Grundprobleme des urheberrechtlichen Dreistufentests, GRUR Int. 2004, 200, 206.

104 Förster, 197.

Somit können auch Schrankengeneralklauseln grundsätzlich die Anforderungen der ersten Teststufe erfüllen.

ii. 2. Teststufe

Die zweite Teststufe legt fest, dass durch eine Beschränkung der Urheberrechte die normale Auswertung des Werkes nicht beeinträchtigt werden darf[105].

Eine solche Beeinträchtigung der normalen Auswertung ist dann gegeben, wenn die jeweilige Beschränkung den Rechteinhaber einer tatsächlichen oder potenziellen Einnahmequelle beraubt, die typischerweise von erheblichem Gewicht innerhalb der Gesamtverwertung von Werken einer bestimmten Werkart ist[106].

iii. 3. Teststufe

Schließlich verlangt die dritte Teststufe, dass die berechtigten Interessen des Urhebers oder Rechteinhabers durch die betreffende Beschränkung nicht ungebührlich verletzt werden[107].

Eine allgemeingültige Aussage darüber zu treffen, was berechtigte Interessen des Urhebers sind, ist nicht möglich. Angesichts der Tatsache, dass es sich bei dem Dreistufentest um ein Instrument des internationalen Urheberrechts handelt und wegen der Unterschiede, die bereits zwischen dem kontinentaleuropäischen Verständnis des Urheberrechts auf der einen und dem angloamerikanischen Copyright-Konzept[108] auf der anderen Seite bestehen, ist ein Blick auf den Einzelfall geboten.

Bei der Beurteilung muss der jeweilige Rechtskreis, dem der Rechteinhaber angehört, zugrundegelegt werden. Gleichwohl ist das ökonomische Interesse, das der Rechteinhaber an der Geltendmachung internatio-

---

105 Vgl. Art. 5 Abs. 5 der RL 2001/29/EG: (…) bestimmten Sonderfällen (…) in denen die normale Verwertung des Werks oder des sonstigen Schutzgegenstands nicht beeinträchtigt wird (…).

106 Senftleben, Copyright, Limitations And The Three-Step-Test. An Analysis of the Three-Step-Test in International and EC Copyright Law, 2004, 194.

107 Vgl. Art. 5 Abs. 5 der RL 2001/29/EG: (…) und die berechtigten Interessen des Rechtsinhabers nicht ungebührlich verletzt werden.

108 Siehe Seite 80 f.

nal anerkannter Ausschließlichkeitsrechte hat, regelmäßig als ein berechtigtes Interesse anzusehen – unabhängig davon, wie dies auf nationaler Ebene jeweils zu begründen wäre[109].

Sofern die berechtigten Interessen betroffen sind, dürfen diese, um den Dreistufentest zu bestehen, nicht ungebührlich verletzt sein.

Die Formulierung *ungebührliche Verletzung* der berechtigten Interessen macht deutlich, dass eine Verletzung der berechtigten Interessen des Rechteinhabers grundsätzlich mit den Vorgaben des Dreistufentests vereinbar ist. Entscheidend ist die Frage, wann diese Verletzung ungebührlich ist. Von einer derartigen ungebührlichen Verletzung kann immer dann ausgegangen werden, wenn diese unter Berücksichtigung der Zwecke, denen die fragliche Urheberrechtsschranke dient, unverhältnismäßig ist.[110]

Dies bedeutet zum einen, dass die Schranke zur Förderung der Zwecke, derentwegen sie eingeführt wurde, geeignet sein muss. Außerdem muss sie das mildeste Mittel zur Erreichung der mit ihr verfolgten Ziele darstellen.

Zur Herstellung eines angemessenen Verhältnisses zwischen den Interessen des Rechteinhabers auf der einen und den Belangen, denen durch die Beschränkung Rechnung getragen werden soll, auf der anderen Seite, kann die Zahlung einer angemessenen Vergütung in Betracht gezogen werden. In diesem Kontext ist zu beachten, dass eine *angemessene Vergütung* keine volle Entschädigung des betroffenen Rechteinhabers bedeutet (und insofern einer Lizenzgebühr gleichkäme), sondern dass diese allenfalls dazu dienen kann, eine ungebührliche Verletzung auf ein den Umständen nach angemessenes Maß zu reduzieren.[111]

(b) Der Dreistufentest als Bestandteil des Artikels 5 der Richtlinie 2001/29/EG

Der Dreistufentest findet sich auch in der Urheberrechtsrichtlinie 2001/29/EG: Artikel 5 Absatz 5 sieht vor, dass die in den Absätzen 1 bis 4

---

109 Senftleben, Grundprobleme des urheberrechtlichen Dreistufentests, GRUR Int. 2004, 200, 210.

110 Senftleben, Grundprobleme des urheberrechtlichen Dreistufentests, GRUR Int. 2004, 200, 211.

111 Senftleben, Copyright, Limitations And The Three-Step-Test. An Analysis of the Three-Step-Test in International and EC Copyright Law, 2004, 241.

genannten Ausnahmen und Beschränkungen nur in bestimmten Sonderfällen angewandt werden dürfen, in denen die normale Verwertung des Werks oder des sonstigen Schutzgegenstands nicht beeinträchtigt wird und die berechtigten Interessen des Rechtsinhabers nicht ungebührlich verletzt werden.

(c) Keine Aufnahme des Dreistufentests in das deutsche Urheberrechtsgesetz

Der deutsche Gesetzgeber hat jedoch bei der Umsetzung der Richtlinie 2001/29/EG in nationales Recht davon abgesehen, einen entsprechenden Passus in das Urheberrechtsgesetz aufzunehmen. Nach seiner Auffassung war es bei der Neugestaltung der urheberrechtlichen Schrankenregelungen nicht erforderlich, diese Bestimmung explizit zu übernehmen. Die deutsche Ausgestaltung der Urheberrechtsschranken entspreche nämlich bereits den Anforderungen des Dreistufentests: Die Schrankenregelungen seien auf Einzelfälle beschränkt, die zugleich die Interessen der Urheber ausführlich berücksichtigen. Außerdem beeinträchtigten die zugelassenen Ausnahmen nicht unangemessen die Verwertbarkeit des Werkes durch den Urheber[112].

c. Grenzen der Erforderlichkeit

Wie oben[113] gesehen, sind grundsätzlich alle Werbemaßnahmen nach § 58 Abs. 1 UrhG dazu geeignet, die Veranstaltung zu fördern und damit auch erforderlich. Nur dann, wenn eine bestimmte Werbung nicht unmittelbar und ausschließlich dem Zweck dient, die Veranstaltung als solche zu fördern – beispielsweise bei der Abbildung von Werken auf Souvenirartikeln, die zum Kauf angeboten werden – ist die Erforderlichkeit der Werbung zu verneinen[114]. Gleiches gilt für den Fall, dass die Lektüre eines Kataloges

---

112 BT-Drs. 15/38, 15.

113 Siehe Seite 38.

114 Fromm/Nordemann/Czychowski, Urheberrecht, 11. Aufl. 2014, § 58 Rn. 13; Mestmäcker/Schulze/Kirchmaier, UrhKomm, AL 37, § 58 Rn. 12.

vorrangig dem Kunstgenuss dient und dabei nicht der Ausstellungszweck der jeweiligen Veranstaltung im Vordergrund steht[115].

Im Übrigen ist das Kriterium der Erforderlichkeit zur Begrenzung einer Werbemaßnahme nicht geeignet. Vielmehr kann der Passus *soweit dies zur Förderung der Veranstaltung erforderlich ist* – ebenso wie der Wortlaut des Artikels 5 Absatz 3 lit. j der Richtlinie 2001/29/EG – nur dahingehend verstanden werden, dass dadurch zum einen eine zeitliche Grenze für nach § 58 Abs. 1 UrhG erlaubte Maßnahmen gezogen werden soll: Sobald eine Veranstaltung stattgefunden hat – diese also nicht mehr durch Werbung gefördert werden kann, weil sie bereits beendet ist – werden die grundsätzlich von dieser Regelung gedeckten Maßnahmen unzulässig bzw. genehmigungsbedürftig. Dieser – vermeintlichen – Klarstellung im Gesetzestext hätte es jedoch nicht bedurft. Der Begriff der *Werbung* impliziert nämlich bereits, dass diese nur innerhalb eines bestimmten Zeitraums vor und während der jeweiligen Veranstaltung stattfinden kann. Alle derartigen Tätigkeiten, die nach deren Abschluss stattfinden, können der Veranstaltung nicht mehr dienen. Jene Tätigkeiten erfüllen damit auch nicht mehr die Funktion von Werbung und sind deshalb unzulässig.

Zum anderen soll durch den Passus klargestellt werden, dass die von § 58 Abs. 1 UrhG privilegierte Werbung nur zugunsten der Veranstaltung an sich (und nicht etwa zugunsten der kommerziellen Tätigkeit des Museums, Ausstellungshauses o.ä.) erfolgen darf[116]. Dies könnte durch einen anderen Wortlaut jedoch viel deutlicher hervorgehoben werden.

Die Formulierung *soweit dies zur Förderung der Veranstaltung erforderlich ist* ist äußerst unglücklich und schafft mehr Verwirrung denn Klarheit. Sinnvoller wäre es, diese Passage aus dem Gesetzestext zu streichen und stattdessen klarzustellen, dass Werbung ausschließlich für die betreffende Veranstaltung gestattet ist, nicht jedoch für den Veranstalter selbst.

Ein *Formulierungsbeispiel* hierfür könnte folgendermaßen lauten:

Zulässig ist die Vervielfältigung, Verbreitung und öffentliche Zugänglichmachung von öffentlich ausgestellten oder zur öffentlichen Ausstellung oder zum öffentlichen Verkauf bestimmten Werken der bildenden Künste und Lichtbildwerken durch den Veranstalter zur Werbung für die betreffende Veranstaltung unter Ausschluss jeglicher anderer kommerzieller Nutzung.

---

115 Dreyer/Kotthoff/Meckel/Dreyer, HK-Urheberrecht, 3. Aufl. 2013, § 58 Rn. 12.

116 Vgl. Fromm/Nordemann/Czychowski, UrhG, 11. Aufl. 2014, § 58 Rn. 13; Dreier/Schulze/Dreier, UrhG, 4. Aufl. 2013, § 58 Rn. 7.

Eine solche Formulierung – ohne Bezugnahme auf ein bestimmtes Maß an Werbung – stünde mit Art. 5 Abs. 3 lit. j der RL 2001/29/EG in Einklang.

Zwar spricht der Richtlinientext ebenfalls vom *erforderlichen Ausmaß* und der nationale Gesetzgeber hat sich an die Vorgaben der Richtlinie zu halten. Jedoch gilt die Argumentation, dass die umfangmäßige Begrenzung von zunächst zulässiger Werbung zweckwidrig und widersprüchlich ist, gleichermaßen für Art. 5 Abs. 3 lit. j der RL 2001/29/EG. Ausgehend von der Annahme, dass Werbung immer dazu beiträgt, ein Produkt oder eine Veranstaltung bekannt zu machen und dementsprechend die Nachfrage steigt, muss für das europäische das gleiche wie für das nationale Recht gelten: Solange Werbung fördert, ist sie auch erforderlich. Insofern ist der Richtlinientext dahingehend auszulegen, dass die Bezeichnung *erforderliches Ausmaß* lediglich eine zeitliche Beschränkung darstellt[117], derer es nicht bedurft hätte, weil eine Veranstaltung ohnehin nur vor und während ihres Stattfindens gefördert werden kann.

6. Zeitlicher Rahmen der Privilegierung

Wie soeben dargestellt, impliziert der Begriff der *Werbung* nach § 58 Abs. 1 UrhG bereits einen bestimmten zeitlichen Rahmen, innerhalb dessen die Nutzung von Werken zu diesem Zweck zulässig ist.

Im Schrifttum und in der wenigen seit der Neufassung des § 58 UrhG ergangenen Rechtsprechung herrscht Einigkeit darüber, dass die Privilegierung nach § 58 Abs. 1 UrhG zeitlich begrenzt ist[118]. Fraglich ist jedoch, wie weit dieser zeitliche Rahmen reicht und insbesondere, inwiefern ein Werk nach dem Ende einer Veranstaltung im Sinne des § 58 Abs. 1 UrhG

---

117 Eine inhaltliche Beschränkung ist durch die Formulierung *unter Ausschluss jeglicher anderer kommerzieller Nutzung* in Art. 5 Abs. 3 lit. j der RL 2001/29/EG bereits enthalten.

118 Wandtke/Bullinger/Lüft, Praxiskommentar zum UrhR, 4. Aufl. 2014, § 58 Rn. 7; Schricker/Loewenheim/Vogel, UrhR, 4. Aufl. 2010, § 58 Rn. 21; Dreyer/Kotthoff/Meckel/Dreyer, HK-UrhR, 3. Aufl. 2013, § 58 Rn. 15; Mestmäcker/Schulze/Kirchmaier, UrhKomm, AL 37, § 58 Rn. 13; Loewenheim/Götting, Handbuch des Urheberrechts, 2. Aufl. 2010, § 31 Rn. 233.

noch ohne entsprechende Genehmigung des Berechtigten genutzt werden darf[119].

Fast einhellig wird in der Literatur die Ansicht vertreten, dass sämtliche nach dem Ende einer Veranstaltung gemäß § 58 Abs. 1 UrhG erfolgenden Werknutzungen – und damit auch der Vertrieb von Katalogen – zustimmungsbedürftig seien[120]. Dies wird damit begründet, dass der Zweck der Regelung, Werbung für Veranstaltungen zu ermöglichen, nach dem Ende der jeweiligen Veranstaltungen nicht mehr erfüllt werden kann.

Eine andere Meinung hält – ohne nähere Begründung – Nutzungshandlungen auch im Nachgang einer Veranstaltung innerhalb eines kurzen Zeitraums für zulässig[121].

Nach Ansicht der Rechtsprechung ist die Abbildung eines Werkes bei einem Internetauktionsportal eine Woche nach Durchführung des Verkaufs nicht mehr von § 58 Abs. 1 UrhG gedeckt, da dies zur Abwicklung des Geschäfts nicht notwendig sei[122].

Angesichts des Umstands, dass Werbung ihr Ziel nach Ablauf der jeweiligen beworbenen Veranstaltung nicht mehr erreichen kann, besteht keine Notwendigkeit für eine Privilegierung über das Ende der Veranstaltung hinaus. Der ersten Ansicht, die alle nach Ende einer Veranstaltung stattfindenden Werknutzungen ohne entsprechende Genehmigung für unzulässig hält, ist daher zuzustimmen. Demnach bezieht sich die Freistellung nach § 58 Abs. 1 UrhG in zeitlicher Hinsicht nur auf den Zeitraum vor und während einer Veranstaltung, so dass beispielsweise Werbeplakate mit deren Ablauf zu entfernen sind.

---

119 Eine besondere Problematik stellte im Zusammenhang mit § 58 UrhG a.F. die Frage dar, ob der Abverkauf von Katalogen nach dem Ende einer Ausstellung zulässig ist (was von der Mehrheit der Literaturmeinungen verneint wurde, z.B. Möhring/Nicolini/Gass, UrhG, 2. Aufl. 2000, § 58 Rn. 35). Angesichts des Umstands, dass Ausstellungs- und Museumskataloge jedoch nicht unter Werbung im Sinne des § 58 Abs. 1 UrhG fallen (siehe Seite 38 f.), sondern nur von § 58 Abs. 2 UrhG privilegiert werden, erübrigt sich im hiesigen Zusammenhang eine Stellungnahme.

120 Wandtke/Bullinger/Lüft, UrhR, 4. Aufl. 2014, § 58 Rn. 7; Mestmäcker/Schulze/Kirchmaier, UrhKomm, AL 37, § 58 Rn. 14; Dreier/Schulze/Dreier, UrhG, 4. Aufl. 2013, § 58 Rn. 7.

121 Schricker/Loewenheim/Vogel, UrhR, 4. Aufl. 2010, § 58 Rn. 21.

122 OLG Köln, Urt. v. 26.09.08 – 6 U 111/08.

7. Veranstalter

Die Privilegierung des § 58 Abs. 1 UrhG kann nicht von jedermann beansprucht werden. Nur *Veranstalter* im Sinne des § 58 Abs. 1 UrhG können sich auf die Schrankenregelung berufen. Somit bedarf es einer Konkretisierung, bei welchen Personen es sich um Veranstalter im Sinne dieser Regelung handelt.

Veranstalter ist derjenige, der für eine Ausstellung, eine Versteigerung oder den Verkauf eines Werkes in finanzieller und organisatorischer Hinsicht verantwortlich ist[123]. Dies kann eine Privatperson sein, wird im Allgemeinen aber eine juristische Person des privaten oder öffentlichen Rechts sein[124]. Einen Katalog muss der Veranstalter nicht zwingend selbst herstellen oder verlegen. Er kann stattdessen einen Verlag mit dessen Herstellung beauftragen; erforderlich ist lediglich, dass der Veranstalter Herausgeber des Kataloges ist[125]. Kataloge, die von Dritten anlässlich einer Ausstellung herausgegeben werden, fallen nicht unter die Privilegierung des § 58 UrhG[126]. Auch der Betreiber einer Bildersuchmaschine im Internet kann sich nicht auf § 58 Abs. 1 UrhG berufen, da er nicht als Veranstalter im Sinne dieser Regelung fungiert[127].

8. Sonderfall unveröffentlichte Werke

Ob und inwiefern im Sinne der §§ 6 Abs. 1, 12 Abs. 1 UrhG unveröffentlichte Werke von § 58 Abs. 1 UrhG erfasst sind, ist nicht explizit geregelt.

Praktisch relevant ist diese Problematik in Bezug auf unveröffentlichte Werke, die im Zusammenhang mit einem angestrebten Verkauf im Sinne des § 58 Abs. 1 UrhG abgebildet werden sollen. Im Hinblick auf die Fra-

123 Dreier/Schulze/Dreier, UrhG, 4. Aufl. 2013, § 58 Rn. 5

124 Dreyer/Kotthoff/Meckel/Dreyer, HK-UrhR, 3. Aufl. 2013, § 58 Rn. 13

125 Dreier/Schulze/Dreier, UrhG, 4. Aufl. 2013, § 58 Rn. 5; *a.A. KG 5 U 98/07 (nicht veröffentlicht; siehe dazu Mercker, ZUM 2010, 397, 398): Um die Privilegierung des § 58 Abs. 1 UrhG beanspruchen zu können, müsse der Werbende nicht Herausgeber des Werbemittels sein, sondern es sei ausreichend, dass er die Werbung veranlasst und verantwortet hat.*

126 Dreier/Schulze/Dreier, UrhG, 4. Aufl. 2013, § 58 Rn. 5.

127 LG Hamburg MMR 2009, 55, 60; OLG Jena, Urt. v. 27.02.08 – 2 U 319/07 – Thumbnails; mittlerweile wurde dieses Urteil vom BGH bestätigt (Urt. v. 29.4.2010 – I ZR 69/08), allerdings äußert sich der BGH nicht zu § 58 UrhG.

ge, inwieweit eine Werknutzung zur Bewerbung einer Ausstellung erfolgen darf, ergibt sich nämlich aus § 44 Abs. 2 UrhG, dass unveröffentlichte Werke unter bestimmten Voraussetzungen gar nicht ausgestellt werden dürfen. Im Folgenden wird zwischen der Abbildung zur Werbung für die Ausstellung bzw. den Verkauf eines unveröffentlichten Werkes differenziert.

a. Abbildung zur Werbung für die Ausstellung eines unveröffentlichten Werkes

Nach§ 44 Abs. 2 UrhG ist der Eigentümer eines Originals der bildenden Künste oder eines Lichtbildwerks berechtigt, ein noch unveröffentlichtes Werk öffentlich auszustellen, sofern der Urheber dies bei der Veräußerung des Originals nicht ausdrücklich ausgeschlossen hat. Daraus folgt, dass in den Fällen, in denen der Urheber eine Ausstellung des betreffenden Werkes explizit untersagt hat, sich aufgrund des Ausstellungsverbots die Frage nach entsprechenden Werbemaßnahmen im Sinne des § 58 Abs. 1 UrhG gar nicht erst stellt.

Sofern der Urheber die öffentliche Ausstellung seines bislang unveröffentlichten Werkes nicht untersagt hat, darf dieses gemäß § 44 Abs. 2, 1. HS UrhG vom Eigentümer ausgestellt werden. In der Veräußerung des Werkes ist dann die Ausübung des Veröffentlichungsrechts nach § 12 Abs. 1 UrhG durch den Urheber zu sehen[128]. In diesem Fall gilt das betreffende Werk somit nicht mehr als unveröffentlicht und eine Nutzung nach § 58 Abs. 1 UrhG ist ohne weiteres möglich.

b. Abbildung zur Werbung für den Verkauf eines unveröffentlichten Werkes

Problematisch sind allerdings Fälle, in denen der Urheber die Ausstellung eines noch unveröffentlichten Werkes, das verkauft werden soll, gemäß § 44 Abs. 2, 2. HS UrhG ausdrücklich ausgeschlossen hat. Inwiefern hier dennoch eine Nutzung nach § 58 Abs. 1 UrhG erfolgen darf, beispielswei-

128 Wandtke/Bullinger/Bullinger, UrhR, 4. Aufl. 2014, § 12 Rn. 11.

se durch die Abbildung des betreffenden Werkes in einem Auktionskatalog, ist nicht geregelt.

Durch eine Verwendung im Sinne des § 58 Abs. 1 UrhG erfährt ein unveröffentlichtes Werk gegen den Willen des Urhebers zwar keine Veröffentlichung im Sinne von § 6 Abs. 1 UrhG[129]. Die Möglichkeit einer Werknutzung gemäß § 58 Abs. 1 UrhG würde dennoch Sinn und Zweck des Ausstellungsverbots nach § 44 Abs. 2, 2. HS UrhG unterlaufen, da die Vervielfältigung, Verbreitung oder öffentliche Zugänglichmachung eines Werkes faktisch einer öffentlichen Ausstellung gleichkommt. Sofern der Urheber eine solche Ausstellung bei der Veräußerung ausdrücklich ausgeschlossen hat, ist bei Anwendung des Rechtsgedankens aus § 44 Abs. 2, 2. HS UrhG eine Nutzung im Sinne des § 58 Abs. 1 UrhG nicht gestattet.

Aus Sicht des Eigentümers ist dieses Ergebnis im Hinblick auf die Möglichkeit des Weiterverkaufs des Werkes unbefriedigend, da er keine Möglichkeit hat, den Verkauf anhand einer Abbildung zu bewerben bzw. bewerben zu lassen. Andererseits dürften Fälle, in denen ein Werk trotz eines Ausstellungsverbots erworben wird, in der Praxis kaum anzutreffen sein. Zum einen sind die meisten Künstler daran interessiert, dass ihre Werke gezeigt werden (und schließen insofern deren Ausstellung nicht aus) und zum anderen wird ein Ausstellungsverbot viele potentielle Käufer vom Erwerb eines solchen Werkes abhalten.

Der Verkauf eines Werkes, dessen Ausstellung der Urheber nicht explizit ausgeschlossen hat, darf nach § 58 Abs. 1 UrhG beworben werden, da dieses durch die vorbehaltslose Erstveräußerung wiederum als veröffentlicht gilt[130].

9. Rechtsfolge

a. Genehmigungs- und vergütungsfreie Nutzung

Sofern die Voraussetzungen des § 58 Abs. 1 UrhG erfüllt sind, dürfen die betreffenden urheberrechtlich geschützten Werke genehmigungs- und ver-

---

129 Schricker/Loewenheim/Vogel, UrhR, 4. Aufl. 2010, § 58 Rn. 11; Dreyer/Kotthoff/Meckel/Dreyer, HK-UrhR, 3. Aufl. 2013, § 58 Rn. 5; Mestmäcker/Schulze/Kirchmaier, Kommentar zum deutschen Urheberrecht, AL § 37, § 58 Rn. 7.

130 Wandtke/Bullinger/Bullinger, UrhR, 4. Aufl. 2014, § 12 Rn. 11; siehe Seite 58.

gütungsfrei[131] vervielfältigt, verbreitet und öffentlich zugänglich gemacht werden.

b. Sonderfall: Ausnahmsweise Einschränkung der Genehmigungsfreiheit aus urheberpersönlichkeitsrechtlichen Gründen?

Sofern die Voraussetzungen des Privilegierungstatbestandes erfüllt sind, muss der Urheber eine Werknutzung im Sinne des § 58 Abs. 1 UrhG angesichts der daraus resultierenden Genehmigungsfreiheit grundsätzlich auch gegen seinen Willen dulden. In diesem Zusammenhang stellt sich die Frage, ob er in Ausnahmefällen dennoch gegen eine Nutzung seines Werkes vorgehen könnte.

In Betracht kommen zum einen Fälle, in denen das Werk auf eine entstellende Art und Weise wiedergegeben wird, beispielsweise durch starke Farbveränderung oder Verzerrung. Denkbar ist außerdem, dass die Abbildung eines Werkes zur Werbung für eine Ausstellung genutzt wird, mit deren Konzeption oder Thema sich ein Urheber, der wegen Veräußerung des Originals nicht mehr darüber verfügen kann, nicht identifizieren kann bzw. nicht in Verbindung gebracht werden möchte.

Beide Konstellationen tangieren das Urheberpersönlichkeitsrecht des Schöpfers. Dieses bleibt von § 58 UrhG unberührt[132].

(1) Entstellende Wiedergabe eines Werkes

Einer Werkänderung in Form einer entstellenden Wiedergabe kann der Urheber nach § 14 UrhG entgegentreten[133]. Dann müsste eine Entstellung des Werkes vorliegen, die geeignet ist, die berechtigten geistigen oder persönlichen Interessen des Urhebers am Werk zu gefährden. Der Anspruch aus § 14 UrhG steht außerdem unter dem ungeschriebenen Vorbehalt einer Interessenabwägung[134].

---

131 Schricker/Loewenheim/Vogel, UrhR, 4. Aufl. 2010, § 58 Rn. 1; Dreier/Schulze/Dreier, UrhG, 4. Aufl. 2013, § 58 Rn. 1.

132 Dreier/Schulze/Dreier, UrhG, 4. Aufl. 2013, § 58 Rn. 15.

133 Ebenda.

134 Wandtke/Bullinger/Bullinger, UrhG, 4. Aufl. 2014, § 14 Rn. 10.

Eine Entstellung im Sinne des § 14 UrhG stellt einen Eingriff in die Werksubstanz dar[135]. Allerdings sieht § 62 Abs. 3 UrhG in diesem Zusammenhang insofern eine Einschränkung vor, als bei Werken der bildenden Künste bzw. Lichtbildwerken deren Übertragung in eine andere Größe sowie solche Änderungen zulässig sind, die das für die Vervielfältigung angewendete Verfahren mit sich bringt. Derartige Änderungen sind demnach vom Urheber hinzunehmen. Sofern die Entstellung des Werkes nicht auf einer derartigen erlaubten Änderung beruht und die weiteren Voraussetzungen des § 14 UrhG vorliegen, kann der Urheber diese verbieten.

(2) Werknutzung in einem vom Urheber nicht gewünschten Ausstellungskontext

Im Hinblick auf die Nutzung des Werkes in einem Ausstellungskontext, mit dem der Urheber sich nicht identifizieren kann, richtet sich die Frage, ob er die Nutzung des betreffenden Werkes zu Werbezwecken ausnahmsweise untersagen kann, in erster Linie danach, ob er dessen eigentliche Präsentation in der Ausstellung unterbinden könnte. Sofern dies der Fall wäre, entfiele nämlich eine notwendige Voraussetzung des § 58 Abs. 1 UrhG: Das Werk wäre dann nicht mehr öffentlich ausgestellt oder zur öffentlichen Ausstellung bestimmt, so dass auch nicht mit dessen Abbildung geworben werden dürfte.

Als Anspruchsgrundlage kommt auch hier in erster Linie § 14 UrhG in Betracht – unter engen Voraussetzungen außerdem § 42 Abs. 1 S. 1 UrhG.

(a) Anspruch aus § 14 UrhG

Der Urheber kann nach § 14 UrhG nicht nur eine Entstellung sondern auch eine andere Beeinträchtigung seines Werkes verbieten. Unter den Begriff der Beeinträchtigung fällt auch ein herabsetzender Eingriff in das Umfeld, in das das Werk gebracht wird[136]. Sofern das Werk in einem bestimmten Kontext gezeigt wird, mit dem der Urheber sich nicht identifizieren kann, stellt sich also zunächst die Frage, ob es sich dabei um einen solchen herabsetzenden Eingriff handelt. Wenn dies der Fall ist, müsste der Eingriff

---

135 Wandtke/Bullinger/Bullinger, UrhG, 4. Aufl. 2014, § 14 Rn. 3.
136 Wandtke/Bullinger/Bullinger, UrhG, 4. Aufl. 2014, § 14 Rn. 3.

wiederum dazu geeignet sein, die berechtigten geistigen oder persönlichen Interessen des Urhebers am Werk zu gefährden. Außerdem müssten die Interessen des Urhebers gegenüber denjenigen des Veranstalters überwiegen. Gegeneinander abgewogen werden hier – je nach individueller Konstellation – üblicherweise das Urheberpersönlichkeitsrecht auf der einen und die Meinungsfreiheit des Veranstalters nach Art. 5 Abs. 1 GG auf der anderen Seite[137]. Eine Beurteilung kann nur für den Einzelfall erfolgen, jedoch wird aufgrund des hohen Stellenwerts des Grundrechts auf freie Meinungsäußerung diesem regelmäßig der Vorrang zu geben sein[138].

Denkbar ist insofern, dass zwar eine Beeinträchtigung des Werkes vorliegen kann, die außerdem dazu geeignet ist, die berechtigten geistigen oder persönlichen Interessen des Urhebers am Werk zu gefährden, aber gleichwohl ein Anspruch aus § 14 UrhG innerhalb der Interessenabwägung scheitert, mit der Folge, dass die Präsentation des Werkes in der Ausstellung nicht unterbunden werden kann. Damit muss der Urheber auch eine Werknutzung nach § 58 Abs. 1 UrhG hinnehmen.

In diesem Fall könnte man argumentieren, dass die zusätzliche Nutzung des Werkes zu Werbezwecken nach § 58 UrhG über dessen eigentliche Ausstellung hinaus den Urheber über Gebühr belastet und deshalb ausnahmsweise unzulässig ist. Der Personenkreis, der das Werk in einem bestimmten – vom Urheber nicht gewünschten – Kontext wahrnimmt, ist im Falle einer werblichen Nutzung nämlich erheblich größer, als wenn das Werk nur innerhalb einer Ausstellung gezeigt würde: Während das Werk auf Werbeplakaten im öffentlichen Raum für jeden Passanten sichtbar ist, wird es innerhalb einer Ausstellung nur von deren Besuchern zur Kenntnis genommen.

Würde man die werbliche Nutzung des Werkes allerdings untersagen, obwohl dessen Ausstellung aufgrund der Meinungsfreiheit des Veranstalters zulässig ist, bedeutete dies gewissermaßen eine Beeinträchtigung der Meinungsfreiheit durch die Hintertür. Sofern das Werk in einer Ausstellung gezeigt werden darf, muss dem Veranstalter daher gleichzeitig zugestanden werden, für die Ausstellung im Rahmen des § 58 Abs. 1 UrhG werben zu können.

137 Vgl. dazu Rojahn/Wild, 347.

138 Vgl. dazu BVerfGE 7, 198 – Lüth.

(b) Anspruch aus § 42 Abs. 1 S. 1 UrhG

Gegen die Präsentation eines Werkes, von dem sich der Urheber inhaltlich distanzieren möchte, kann er unter bestimmten Voraussetzungen unter Bezugnahme auf das Rückrufsrecht wegen gewandelter Überzeugung nach § 42 Abs. 1 S. 1 UrhG vorgehen. Danach kann der Urheber ein Nutzungsrecht gegenüber dem Inhaber zurückrufen, wenn das Werk seiner Überzeugung nicht mehr entspricht und ihm deshalb die Verwertung des Werkes nicht mehr zugemutet werden kann[139].

Der Anwendungsbereich dieser Norm ist somit eng – ein Anspruch kommt nur für den Fall in Betracht, dass der Urheber einen Wandel seiner Überzeugung geltend macht. Dies kann sich auf die politische, religiöse, künstlerische oder wissenschaftliche Überzeugung des Urhebers beziehen[140].

Nutzungsrecht im Sinne des § 42 Abs. 1 S. 1 UrhG ist hier das Ausstellungsrecht des § 18 UrhG. Dieses liegt zwar beim Urheber eines Werkes, aber § 44 Abs. 2 UrhG[141] sieht vor, dass der Eigentümer eines Werkoriginals berechtigt ist, dieses auszustellen, auch wenn es noch nicht veröffentlicht ist[142]. Im Falle der Veräußerung eines Werkes darf demnach dessen Eigentümer das Werk ausstellen (lassen). Unter den Voraussetzungen des § 42 Abs. 1 S. 1 UrhG steht dem Urheber hinsichtlich des Ausstellungsrechts einen Rückrufanspruch zu. Allerdings gilt dies aufgrund der Besonderheit, dass es sich beim Ausstellungsrecht nach § 18 UrhG um ein sogenanntes Einmalrecht handelt, das nach Veröffentlichung des Werkes verbraucht ist[143], nur für noch nicht veröffentlichte Werke[144], was den Anwendungsbereich des § 42 Abs. 1 S. 1 UrhG noch weiter einschränkt.

Sofern die Voraussetzungen dennoch erfüllt sind, führt ein Anspruch aus § 42 Abs. 1 S. 1 UrhG indirekt dazu, dass auch die werbliche Nutzung des Werkes untersagt werden kann: Weil das Werk nicht öffentlich ausgestellt bzw. zur öffentlichen Ausstellung bestimmt wäre, entfiele eine für

---

139 In diesem Fall wäre der Urheber jedoch nach § 42 Abs. 3 UrhG entschädigungspflichtig.

140 Wandtke/Bullinger/Wandtke, UrhG, 4. Aufl. 2014, § 42 Rn. 1.

141 Siehe dazu auch oben S. 54 ff.

142 Die Einschränkung nach § 44 Abs. 2, letzter HS, kommt in der Praxis sehr selten vor.

143 Wandtke/Bullinger/Bullinger, UrhG, 4. Aufl. 2014, § 18 Rn. 2.

144 Von Detten, 83.

die Werknutzung nach § 58 Abs. 1 UrhG erforderliche Tatbestandsvoraussetzung.

(c) Ergebnis

Insgesamt sind die Möglichkeiten des Urhebers, eine Werknutzung im Sinne des § 58 Abs. 1 UrhG aus urhebepersönlichkeitsrechtlichen Gründen ausnahmsweise zu untersagen, sehr beschränkt. Nur im Falle einer entstellenden Wiedergabe im Sinne des § 14 UrhG sowie bei erfolgreicher Geltendmachung des Rückrufsrechts wegen gewandelter Überzeugung nach § 42 Abs. 1 S. 1 UrhG im Hinblick auf unveröffentlichte Werke ist eine Nutzung nach § 58 Abs. 1 UrhG ausnahmsweise unzulässig.

10. Fazit zu § 58 Abs. 1 UrhG

a) § 58 Abs. 1 UrhG gestattet unter bestimmten Voraussetzungen die Vervielfältigung, Verbreitung und öffentliche Zugänglichmachung von öffentlich ausgestellten oder zur öffentlichen Ausstellung bestimmten Werken der bildenden Künste und Lichtbildwerken zu Zwecken der Werbung für Ausstellungen oder Verkaufsveranstaltungen. Dabei sind der Art und dem Umfang der Werbung trotz des widersprüchlichen Wortlauts, der von *[...] Werbung, soweit dies zur Förderung der Veranstaltung erforderlich ist* spricht, keine Grenzen gesetzt. Erfahrungsgemäß fördert jede Werbemaßnahme eine Veranstaltung und je intensiver dabei geworben wird, desto größer ist deren Erfolg. Zulässige Werbemaßnahmen können daher nicht abschließend benannt werden, da gerade ungewöhnliche und neue Ideen besonders auffallen und damit dem Ziel von Werbung, Aufsehen zur erregen, Interesse zu wecken und dem Publikum in Erinnerung zu bleiben, gerecht werden.
b) Eine nach § 58 Abs. 1 UrhG zulässige Werknutzung zur Verkaufswerbung ist nicht nur im Interesse des Veranstalters, sondern nützt auch dem Urheber, da er beim Weiterverkauf seiner Werke nach Maßgabe des § 26 Abs. 1 UrhG am Veräußerungserlös beteiligt wird. Zwar sind Fälle denkbar, in denen es trotz Werbung nicht zu einer Veräußerung des betreffenden Werkes kommt und der Urheber keinen direkten finanziellen Vorteil durch dessen genehmigungsfreie Abbildung erlangt.

Er profitiert jedoch insofern davon, als er bzw. sein Werk durch die Werbung einem breiteren Publikum bekannt gemacht wurden.

Auch die Nutzung eines Werkes zur Werbung für eine Ausstellung kommt dem Urheber zugute. Zwar profitiert er nicht in finanzieller Hinsicht, jedoch werden die Reputation des Künstlers und damit gleichzeitig sein Marktwert gesteigert, wenn das Werk dazu verwendet wird, die Öffentlichkeit darauf aufmerksam zu machen, dass es Teil einer Ausstellung in einem Museum bzw. einer Galerie ist.

Angesichts dieser Umstände greift der Verweis auf den Grundsatz der engen Auslegung urheberrechtlicher Schrankenbestimmungen, der den Urheber vor einer unverhältnismäßigen Beeinträchtigung seines geistigen Eigentums schützen soll, im Zusammenhang mit der Frage nach der Reichweite des § 58 Abs. 1 UrhG gerade nicht.

c) Der Passus *soweit dies zur Förderung der Veranstaltung erforderlich ist* sollte de lege ferenda aus § 58 Abs. 1 UrhG gestrichen und stattdessen klargestellt werden, dass Werbung ausschließlich für die betreffende Veranstaltung gestattet ist, nicht jedoch für den Veranstalter selbst.

FORMULIERUNGSBEISPIEL:

Zulässig ist die Vervielfältigung, Verbreitung und öffentliche Zugänglichmachung von öffentlich ausgestellten oder zur öffentlichen Ausstellung oder zum öffentlichen Verkauf bestimmten Werken der bildenden Künste und Lichtbildwerken durch den Veranstalter zur Werbung für die betreffende Veranstaltung unter Ausschluss jeglicher anderer kommerzieller Nutzung.

Eine derartige Änderung stünde auch im Einklang mit den Vorgaben des Art. 5 Abs. 3 lit. j der Richtlinie 2001/29/EG.

d) Klassische Museumskataloge fallen nicht unter den Terminus Werbung, so dass sie nicht von § 58 Abs. 1 UrhG privilegiert werden. Sie werden jedoch vom Erlaubnistatbestand des § 58 Abs. 2 UrhG erfasst. Diese Regelung privilegiert allerdings, anders als § 58 Abs. 1 UrhG, nicht die öffentliche Zugänglichmachung der genutzten Werke im Sinne des § 19a UrhG.

e) Ob unveröffentlichte Werke von § 58 Abs. 1 UrhG erfasst werden ist nicht explizit geregelt. Im Hinblick auf die Werknutzung zur Werbung für eine Ausstellung ist dies allerdings unproblematisch: In den einschlägigen Fällen darf ein Werk entweder wegen § 44 Abs. 2, 2. HS UrhG gar nicht ausgestellt werden oder in der Veräußerung eines Werkes ohne ausdrückliches Ausstellungsverbot ist die Ausübung des Veröffentlichungsrechts durch den Urheber zu sehen und das Werk gilt nicht mehr als unveröffentlicht. Hinsichtlich der Werkabbildung zur Werbung für dessen Verkauf ist in den Fällen, in denen der Urheber eine Ausstellung gemäß § 44 Abs. 2, 2. HS UrhG ausdrücklich ausgeschlossen hat, bei Anwendung des Rechtsgedankens aus dieser Vorschrift eine Nutzung nach § 58 Abs. 1 UrhG nicht gestattet, da ansonsten Sinn und Zweck des § 44 Abs. 2, 2. HS UrhG unterlaufen würden. Der Verkauf eines Werkes, dessen Ausstellung der Urheber nicht explizit ausgeschlossen hat, darf hingegen nach § 58 Abs. 1 UrhG beworben werden, da dieses durch die vorbehaltlose Erstveräußerung als veröffentlicht gilt.

f) Die Möglichkeiten des Urhebers, eine Werknutzung nach § 58 Abs. 1 UrhG aus urheberpersönlichkeitsrechtlichen Gründen ausnahmsweise zu untersagen, sind sehr beschränkt. Denkbar ist dies nur im Falle einer entstellenden Wiedergabe im Sinne des § 14 UrhG sowie, im Hinblick auf unveröffentlichte Werke, bei erfolgreicher Geltendmachung des Rückrufsrechts wegen gewandelter Überzeugung nach § 42 Abs. 1 S. 1 UrhG.

IV. § 58 Abs. 2 UrhG

§ 58 Abs. 2 UrhG geht auf die Umsetzung von Art. 5 Abs. 2 lit. c der Richtlinie 2001/29/EG zurück[145].

> § 58 Abs. 2 UrhG
>
> *Zulässig ist ferner die Vervielfältigung und Verbreitung der in Absatz 1 genannten Werke in Verzeichnissen, die von öffentlich zugänglichen Bibliotheken, Bildungseinrichtungen oder Museen in inhaltlichem und zeitlichem Zusammenhang mit einer Ausstellung oder zur Dokumentation von Beständen herausgegeben werden und mit denen kein eigenständiger Erwerbszweck verfolgt wird.*

145 BT-Drs. 15/38, 21; zur RL 2001/29/EG siehe Seite 28 ff.

Anhand des Wortlauts des § 58 Abs. 2 UrhG ist erkennbar, dass es sich bei dieser Regelung im Wesentlichen um die Fortschreibung der Katalogbildfreiheit nach § 58 UrhG a.F. handelt[146].

Der Tatbestand des § 58 Abs. 2 UrhG ist enger gefasst als derjenige des § 58 Abs. 1 UrhG, denn der privilegierte Nutzerkreis ist stärker beschränkt und die öffentliche Zugänglichmachung nach § 19a UrhG hier nicht gestattet.

Während § 58 Abs. 1 UrhG Werbemaßnahmen für öffentliche Ausstellungen und Verkaufsveranstaltungen privilegiert, erlaubt § 58 Abs. 2 UrhG unter bestimmten Voraussetzungen die genehmigungs- und vergütungsfreie Wiedergabe der in Absatz 1 genannten Werke in Verzeichnissen, die von öffentlichen Bibliotheken, Museen und Bildungseinrichtungen herausgegeben werden.

Im Folgenden werden die verschiedenen Tatbestandsmerkmale skizziert.

1. Adressaten der Privilegierung

Im Unterschied zu § 58 Abs. 1 UrhG dürfen nur öffentlich zugängliche Bibliotheken, Bildungseinrichtungen und Museen urheberrechtlich geschützte Werke in den von § 58 Abs. 2 UrhG genannten Verzeichnissen vervielfältigen und verbreiten.

Aus dem Wortlaut der Regelung geht nicht eindeutig hervor, ob sich das Kriterium der öffentlichen Zugänglichkeit nur auf Bibliotheken, oder auch auf Bildungseinrichtungen und Museen bezieht. Da sich der Zweck der von § 58 Abs. 2 UrhG gewährten Privilegierung jedoch auf das Interesse der Allgemeinheit an Kunst und Kultur bezieht, ist davon auszugehen, dass dieses Kriterium für alle genannten Einrichtungen gilt[147].

---

146 § 58 UrhG lautete in der bis zum 12. September 2003 geltenden Fassung: *Zulässig ist, öffentlich ausgestellte sowie zur öffentlichen Ausstellung oder zur Versteigerung bestimmte Werke der bildenden Künste in Verzeichnissen, die zur Durchführung der Ausstellung oder Versteigerung vom Veranstalter herausgegeben werden, zu vervielfältigen und zu verbreiten.*

147 Dreier/Schulze/Dreier, UrhG, 4. Aufl. 2013, § 58 Rn. 11.

2. Erlaubte Handlungen

Anders als § 58 Abs. 1 UrhG gestattet § 58 Abs. 2 UrhG nur die Vervielfältigung nach § 16 UrhG und die Verbreitung nach § 17 UrhG, nicht jedoch die öffentliche Zugänglichmachung der genannten Werke gemäß § 19a UrhG. Damit ist die Verbreitung über das Internet nach § 58 Abs. 2 UrhG ausgeschlossen.

3. Verzeichnisse

Der Erlaubnistatbestand des § 58 Abs. 2 UrhG beschränkt sich, wie bereits aus dem Wortlaut hervorgeht, auf Verzeichnisse. Dabei handelt es sich zum Einen um Museums- und Bestandskataloge in herkömmlicher (gedruckter) Form. Daneben sind auch digitale Offline-Medien wie CD-Rom und Microfiche von dem Begriff des Verzeichnisses erfasst[148]. Museumskataloge sind nur als Verzeichnisse und nicht gleichzeitig als Werbung im Sinne des § 58 Abs. 1 UrhG einzustufen[149], so dass eine öffentliche Zugänglichmachung nach § 19a UrhG auch unter diesem Aspekt nicht gestattet ist.

4. Inhaltlicher und zeitlicher Zusammenhang mit einer Ausstellung

Während § 58 Abs. 1 UrhG keine expliziten Angaben über eine zeitliche und inhaltliche Begrenzung der privilegierten Handlungen enthält, ist der Anwendungsbereich des § 58 Abs. 2 UrhG ausdrücklich abgesteckt. Die dort genannten Handlungen sind nur erlaubt, sofern sie *in inhaltlichem und zeitlichem Zusammenhang mit einer Ausstellung* stehen.

Ein inhaltlicher Zusammenhang mit einer Ausstellung ist dann gegeben, wenn die in das Verzeichnis aufgenommenen Werke in dieser Ausstellung zu sehen sind bzw. zu sehen sein werden[150].

Umstritten ist hingegen, wie weit der Begriff des zeitlichen Zusammenhangs auszulegen ist. Obwohl der Wortlaut des § 58 UrhG a.F. keine derar-

---

148 BT-Drs. 15/38, 21.

149 Damit sind sie nur vom Erlaubnistatbestand des § 58 Abs. 2 UrhG erfasst; siehe dazu Seite 38 f.

150 Dreier/Schulze/Dreier, UrhG, 4. Aufl. 2013, § 58 Rn. 12.

tige Formulierung enthielt, ging man bereits nach altem Recht davon aus, dass der Privilegierungstatbestand auf eine bestimmte, im Wesentlichen während der Dauer der Ausstellung angesiedelte Zeit beschränkt war[151]. Die – in der Praxis wohl eher weniger relevante – Frage, über welchen Zeitraum eine Werknutzung nach § 58 UrhG a.F. im Vorfeld einer Ausstellung oder Versteigerung gestattet war, wurde dabei nicht besonders diskutiert. Problematisch war vielmehr, ob und inwieweit Kataloge nach dem Ende einer Ausstellung noch genehmigungs- und vergütungsfrei abverkauft werden dürfen. Da der Wortlaut von § 58 Abs. 2 UrhG einen zeitlichen Rahmen für die Privilegierung nunmehr explizit enthält, den Terminus *zeitlicher Zusammenhang* dabei jedoch nicht konkretisiert, stellt sich diese Frage auch nach neuem Recht.

Zum Teil wird vertreten, dass der Verkauf von Restexemplaren eines Katalogs nach Beendigung einer Ausstellung nicht mehr von § 58 Abs. 2 UrhG gedeckt sei, weil das Ende der Ausstellung gleichzeitig das Ende des zeitlichen Zusammenhangs darstelle[152].

Nach einer anderen Ansicht ist § 58 Abs. 2 UrhG so auszulegen, dass der Begriff *zeitlicher Zusammenhang mit einer Ausstellung* den Abverkauf von Restexemplaren eines Katalogs nach Ablauf einer Ausstellung beinhaltet. Da die Nachfrage nach Katalogen nach dem Ende einer Ausstellung ohnehin rapide sinke, seien im Falle einer Vergütungspflicht die dadurch erzielten Einnahmen marginal, so dass durch die Erlaubnis des vergütungsfreien Abverkaufs den Urhebern keine nennenswerten Einbußen entstünden[153].

Dieser Ansicht ist aus mehreren Gründen zuzustimmen. Zunächst kann aus der Formulierung *in inhaltlichem und zeitlichem Zusammenhang mit einer Ausstellung* nicht geschlossen werden, dass mit deren letztem Tag jeglicher zeitliche Zusammenhang entfällt und eine Verbreitung bereits produzierter Kataloge automatisch unzulässig wird. Hätte der Gesetzgeber eine derartige Intention gehabt, so hätte er dies durch einen anderen, konkreteren Gesetzeswortlaut zum Ausdruck bringen können, anstatt die offene Formulierung des inhaltlichen und zeitlichen Zusammenhangs zu wählen. Darüber hinaus käme man im Falle einer restriktiven Auslegung des Terminus *zeitlicher Zusammenhang* zu dem kuriosen und nicht praktika-

---

151 Schricker/Vogel, UrhR, 2. Aufl. 1999, § 58 Rn. 17.

152 Widersprüchlich Dreier/Schulze/Dreier, UrhG, 4. Aufl. 2013, § 58 Rn. 12; Dreyer/Kotthoff/Meckel/Dreyer, HK-UrhR, 3. Aufl. 2013, § 58 Rn. 21.

153 Vgl. Mestmäcker/Schulze/Kirchmaier, UrhKomm, AL 37, § 58 Rn. 19.

blen Ergebnis, dass für Werke in einem Museumskatalog, die anlässlich einer bestimmten Ausstellung ohne weiteres wiedergegeben und verbreitet werden konnten, mit deren Ablauf nachträglich eine Lizenz eingeholt werden müsste. Hierfür gibt es jedoch keine Rechtfertigung: Eine finanzielle Beteiligung der Urheber am Abverkauf restlicher Katalogexemplare dürfte angesichts des Umstands, dass der weitaus größte Anteil an Ausstellungskatalogen ohnehin während der Laufzeit der Ausstellung verkauft wird (und damit genehmigungs- und vergütungsfrei ist), so gering ausfallen, dass dies in keinem Verhältnis zu dem damit einhergehenden bürokratischen Aufwand steht.

Der Begriff des zeitlichen Zusammenhangs mit einer Ausstellung ist daher so zu interpretieren, dass der Abverkauf von Restexemplaren eines Kataloges, der anlässlich einer bestimmten Ausstellung in deren Vorfeld produziert worden ist, von § 58 Abs. 2 UrhG gedeckt ist.

5. Bestandsdokumentation

Neben Verzeichnissen, die in inhaltlichem und zeitlichem Zusammenhang mit einer Ausstellung stehen, privilegiert § 58 Abs. 2 UrhG auch Verzeichnisse, die der Bestandsdokumentation dienen. Dies bezieht sich auf den gesamten Bestand des Museums oder einer anderen Einrichtung im Sinne des § 58 Abs. 2 UrhG, auch wenn dieser nicht ausgestellt ist[154]. Unter die Bestandsdokumentation fallen sowohl die Dokumentation für interne Zwecke für den Fall einer Beschädigung oder eines Abhandenkommens als auch die Herausgabe eines sogenannten Bestandskatalogs[155].

---

154 Wandtke/Bullinger/Lüft, UrhG, 4. Aufl. 2014, § 58 Rn. 11; Dreier/Schulze/Dreier, UrhG, 4. Aufl. 2013, § 58 Rn. 13.

155 Dreier/Schulze/Dreier, UrhG, 4. Aufl. 2013, § 58 Rn. 13.

6. Kein eigenständiger Erwerbszweck

Die Verbreitung der von § 58 Abs. 2 UrhG privilegierten Verzeichnisse darf schließlich keinen eigenständigen Erwerbszweck verfolgen. Eine Veräußerung zum Selbstkostenpreis ist jedoch zulässig[156].

7. Fazit

Im Hinblick auf die Tatsache, dass gerade die Werknutzung für den klassischen Museumskatalog von § 58 Abs. 2 UrhG privilegiert wird, ist festzuhalten, dass diese Vorschrift eine Schrankenregelung enthält, die für den Kulturbetrieb und öffentliche Bildungseinrichtungen eine ebenso wichtige – und praktisch relevante – Bedeutung hat wie § 58 Abs. 1 UrhG.

V. Rechtewahrnehmung durch die Verwertungsgesellschaft Bild-Kunst

Im Folgenden wird die Wahrnehmung der Rechte der Urheber durch die Verwertungsgesellschaft Bild Kunst dargestellt.

1. Allgemeines

Die Stellung, Rechte und Pflichten der Verwertungsgesellschaften in Deutschland sind seit Juni 2016 im Verwertungsgesellschaftengesetz (VGG) geregelt, welches das Urheberrechtswahrnehmungsgesetz (UrhWG) abgelöst hat, das 1965 mit dem Urheberrechtsgesetz verabschiedet worden war.

Eine Verwertungsgesellschaft ist nach § 2 Abs. 1 VGG eine Organisation, die gesetzlich oder auf Grundlage einer vertraglichen Vereinbarung berechtigt ist und deren ausschließlicher oder hauptsächlicher Zweck es ist, für Rechnung mehrerer Rechtsinhaber Urheberrechte oder verwandte Schutzrechte zu deren kollektiven Nutzen wahrzunehmen.

---

156 Schricker/Loewenheim/Vogel, UrhR, 4. Aufl. 2010, § 58 Rn. 26; Wandtke/Bullinger/Lüft, UrhG, 4. Aufl. 2014, § 58 Rn. 11; Fromm/Nordemann/Czychowski, UrhR, 11. Aufl. 2014, § 58 Rn. 17.

Wenn eine Verwertungsgesellschaft Urheberrechte oder verwandte Schutzrechte wahrnimmt, die sich aus dem Urheberrechtsgesetz ergeben, bedarf sie der Erlaubnis durch das Deutsche Patent- und Markenamt, das als Aufsichtsbehörde über die Verwertungsgesellschaften fungiert[157].

2. Die Verwertungsgesellschaft Bild-Kunst

Die Rechte bildender Künstler werden in Deutschland von der Verwertungsgesellschaft Bild-Kunst (VG Bild-Kunst) wahrgenommen, sofern die Künstler einen entsprechenden Wahrnehmungsvertrag abgeschlossen haben. Mit dem Abschluss dieses Vertrages wird eine Mitgliedschaft in der VG Bild-Kunst erworben[158].

a. Struktur und Arbeitsweise der Verwertungsgesellschaft Bild-Kunst

Die VG Bild-Kunst ist ein Verein zur kollektiven Wahrnehmung von Urheberrechten. Sie wurde 1968 von Bildurhebern gegründet [159]. Im Jahr 2014 hatte sie 56.408 Mitglieder[160].

Zweck der VG Bild-Kunst ist die treuhänderische Wahrnehmung und Abrechnung von Rechten und Vergütungsansprüchen an Werken, die nach § 2 Abs. 1 Ziff. 3 – 7, § 4 sowie § 72 UrhG geschützt werden[161]. Ihre Hauptaufgaben bestehen darin, pauschale Urheberrechtsabgaben wie z.B. die sogenannte Privatkopievergütung einzutreiben und an ihre Mitglieder zu verteilen, Folgerechtsansprüche geltend zu machen, Lizenzen für die Werknutzung zu vergeben sowie individuelle Rechte der Mitglieder durch-

---

157 Vgl. § 77 Abs. 1 VGG i.V.m. § 75 Abs. 1 VGG.

158 Pfennig, Die Verwertungsgesellschaft Bild-Kunst in: Hoeren et al., Handbuch Kunst und Recht, 2008, 160.

159 Vgl. http://www.bildkunst.de/vg-bild-kunst/ueber-die-vg-bild-kunst/wer-wir-sind.html; zuletzt besucht am 12. Dezember 2016

160 http://www.bildkunst.de/vg-bild-kunst/ueber-die-vg-bild-kunst/chronik-der-bild-kunst.html; zuletzt besucht am 12. Dezember 2016.

161 Vgl. § 2 Satz 1 der Satzung der VG Bild-Kunst; abrufbar unter http://www.bildkunst.de/vg-bild-kunst/ueber-die-vg-bild-kunst/die-vereinssatzung.html; zuletzt besucht am 12. Dezember 2016.

zusetzen[162]. Außerdem versteht sich die VG Bild-Kunst als Interessenvertretung der Urheber[163]

Die Verwertungsgesellschaft ist in drei Berufsgruppen gegliedert. Der Berufsgruppe I gehören Bildende Künstler an. Zur Berufsgruppe II gehören Fotografen, Bildjournalisten, Grafiker, Illustratoren, Designer, Karikaturisten, Pressezeichner sowie Bildagenturen und die Berufsgruppe III setzt sich aus Regisseuren, Kameraleuten, Cuttern, Szenen- und Kostümbildnern, Trickfilmzeichnern sowie Produzenten von freien Produktionen zusammen.[164]

In welchem Umfang die VG Bild-Kunst die ihr übertragenen Rechte wahrnimmt, ergibt sich aus dem jeweiligen mit dem einzelnen Mitglied abgeschlossenen Wahrnehmungsvertrag[165].

Neben deutschen Urhebern vertritt die VG Bild-Kunst aufgrund von Gegenseitigkeitsverträgen mit ausländischen Verwertungsgesellschaften auch Urheber aus verschiedenen anderen Staaten, darunter Großbritannien und die USA[166]. Die Anzahl der aufgrund von Gegenseitigkeitsverträgen (neben den eigenen Mitgliedern) vertretenen ausländischen Urheber betrug im Jahr 2008 ca. 25.000[167].

Für die Genehmigung von Reproduktionen von Werken derjenigen Künstler, die von ihr vertreten werden, verlangt die VG Bild-Kunst eine vorherige schriftliche Anfrage[168]. Die für die jeweilige Reproduktion erhobenen Gebühren richten sich nach den von der VG Bild-Kunst aufgestellten Tarifen oder nach einzelvertraglicher Festlegung. Kunstmuseen bietet die VG Bild-Kunst dabei die Möglichkeit einer Sonderregelung an.

---

162 http://www.bildkunst.de/vg-bild-kunst/ueber-die-vg-bild-kunst/wer-wir-sind.html; zuletzt besucht am 12. Dezember 2016

163 http://www.bildkunst.de/vg-bild-kunst/ueber-die-vg-bild-kunst/was-wir-tun.html; zuletzt besucht am 12. Dezember 2016.

164 http://www.bildkunst.de/vg-bild-kunst/berufsgruppen.html; zuletzt besucht am 12. Dezember 2016.

165 Vgl. § 3 Nr. 1 der Satzung der VG Bild-Kunst; abrufbar unter http://www.bildkunst.de/vg-bild-kunst/ueber-die-vg-bild-kunst/die-vereinssatzung.html; zuletzt besucht am 12. Dezember 2016.

166 Vgl. http://www.bildkunst.de/vg-bild-kunst/schwestergesellschaften.html; zuletzt besucht am 12. Dezember 2016.

167 Pfennig, Die Verwertungsgesellschaft Bild-Kunst in: Hoeren et al., Handbuch Kunst und Recht, 2008, 165.

168 Vgl. Ziffer 1 der Allgemeinen Konditionen der Rechtevergabe der VG Bild-Kunst, abrufbar unter http://www.bildkunst.de/uploads/media/dl_tarife_allg_kond_rechte.pdf; zuletzt besucht am 12. Dezember 2016.

Gemeinsam mit dem deutschen Museumsbund und der Kultusministerkonferenz hat sie einen Vertrag erarbeitet, der verwaltungstechnische und finanzielle Erleichterungen bei der Einholung von Bildrechten vorsieht[169].

Die Festlegung der Tarife für die Nutzung basiert auf §§ 38, 39 VGG. Nach § 38 S. 1 VGG stellt eine Verwertungsgesellschaft Tarife auf über die Vergütung, die sie aufgrund der von ihr wahrgenommenen Rechte fordert. Die Tarife müssen angemessen sein. Grundsätze zur Tarifgestaltung ergeben sich dabei aus § 39 VGG.

b. Preisbeispiele der VG Bild-Kunst

Um zu veranschaulichen, in welchem Bereich sich die von der VG Bild-Kunst erhobenen Gebühren für die Reproduktion eines Werkes bewegen, werden im Folgenden einige Beispiele genannt.

Für den ganzseitigen Abdruck eines Werkes in einer Werbebroschüre, einem Werbeprospekt o.ä. in einer Auflagenhöhe von bis zu 1.000 Stück ist eine Gebühr in Höhe von 391,00 EUR (netto) zu zahlen. Eine Auflagenhöhe von bis zu 10.000 Stück kostet 1.117,00 EUR (netto) und die Gebühren für eine Auflagenhöhe von bis zu 100.000 Stück betragen 2.025,00 EUR (netto).

Die ganzseitige Wiedergabe eines Werkes in einer Werbeanzeige in einem Printmedium mit einer Auflagenhöhe von bis zu 10.000 Stück kostet 563,00 EUR (netto), für eine Auflagenhöhe von 100.000 Stück fallen Gebühren in Höhe von 2.260,00 EUR (netto) an und die Gebühren für eine Auflagenhöhe von bis zu 1 Mio. betragen 5.629,00 EUR (netto).[170]

c. Schlichtungsinstanz bei Tarifstreitigkeiten: Die Schiedsstelle beim Deutschen Patent- und Markenamt

Die von einer Verwertungsgesellschaft aufgestellten Tarife müssen jedoch nicht zwingend vom Nutzer akzeptiert werden. Verwertungsgesellschaft

169 Vgl. Pfenning, Urheberrecht im Museum: Der Museumsvertrag, Kultur & Recht 45, 2009, L 3.5, 4.

170 Stand: Dezember 2016; sämtliche Tarife der VG Bild-Kunst sind abrufbar unter http://www.bildkunst.de/vg-bild-kunst/tarife.html; zuletzt besucht am 12. Dezember 2016.

und Nutzer oder Nutzervereinigung verhandeln gemäß § 36 Abs. 1 S. 1 VGG nach Treu und Glauben über die von der Verwertungsgesellschaft wahrgenommenen Rechte.

Im Falle von Streitigkeiten zwischen dem Nutzer eines urheberrechtlich geschützten Werkes und einer Verwertungsgesellschaft sieht das VGG ein Schiedsverfahren nach §§ 92 ff. VGG vor. Gemäß § 128 Abs. 1 i.V.m. § 92 Abs. 1 und Abs. 2 VGG können bestimmte Ansprüche im Wege der Klage erst dann geltend gemacht werden, wenn ein entsprechendes Verfahren vor der Schiedsstelle vorausgegangen ist.

Die Schiedsstelle ist mit drei Mitgliedern besetzt, einem Vorsitzenden und zwei Beisitzern. Sämtliche Mitglieder müssen die Befähigung zum Richteramt haben[171] und sind nicht an Weisungen gebunden[172]. Die Dienstaufsicht über die Schiedsstelle führt der Präsident des Deutschen Patent- und Markenamtes[173]. Eine Anrufung der Schiedsstelle erfolgt durch schriftlichen Antrag (§ 97 Abs. 1 VGG). Gemäß § 105 Abs. 1 VGG unterbreitet die Schiedsstelle den Streitbeteiligten innerhalb eines Jahres nach Zustellung des Antrags einen Einigungsvorschlag. Dieser gilt als von den Beteiligten angenommen, wenn nicht innerhalb eines Monats nach Zustellung des Einigungsvorschlags ein schriftlicher Widerspruch bei der Schiedsstelle eingeht (§ 105 Abs. 3 VGG). Ein angenommener Einigungsvorschlag stellt materiellrechtlich einen Vertrag zwischen den Beteiligten dar[174]. Kommt eine Einigung der Beteiligten trotz des Vorschlags der Schiedsstelle nicht zustande, ist der Weg zu den ordentlichen Gerichten eröffnet[175].

d. Lizenzierung für die Nutzung von urheberrechtlich geschützten Werken im Internet: OLA

Eine Besonderheit im Vergleich zu herkömmlichen Nutzungsarten stellt die Verwendung urheberrechtlich geschützter Werke im Internet dar. Diese

---

171 Vgl. § 124 Abs. 1 und 2 VGG.
172 Vgl. § 125 Abs. 1 VGG.
173 Vgl. § 125 Abs. 2 VGG.
174 Wirtz, 95 (noch zum UrhWG).
175 Dies ist darüber hinaus auch dann der Fall, wenn die Schiedsstelle nicht innerhalb eines Jahres nach ihrer Anrufung einen Einigungsvorschlag gemacht hat (vgl. § 128 Abs. 1 i.V.m. § 105 Abs. 1 VGG).

zeichnet sich vor allem durch zwei besondere Merkmale aus. Zum einen bietet das Internet die Möglichkeit weltweiten Zugriffs, zum anderen ist der Personenkreis, dem die Zugriffsmöglichkeit gewährt wird, in der Regel unbeschränkt. Diese Eigenschaften unterscheiden die Internetnutzung von traditionellen Nutzungsarten wie der Reproduktion von Werken in oder auf körperlichen Gegenständen – beispielsweise in Büchern oder auf Postkarten.

Um auf die mit der Internetnutzung verbundenen Anforderungen zu reagieren, haben im Jahre 2002 acht Verwertungsgesellschaften aus verschiedenen Ländern, die die Rechte bildender Künstler wahrnehmen, die Organisation OnLineArt (OLA) gegründet. OLA ist als Gesellschaft in Form einer S.C.R.L. (Société cooperative à résponsabilité limité) organisiert, eine Genossenschaft mit beschränkter Haftung mit Sitz in Brüssel. Mittlerweile hat OLA 16 Mitglieder, darunter die VG Bild-Kunst, die britische DACS, die US-amerikanische ARS und die französische ADAGP. OLA versteht sich als sog. One-Stop-Shop für den Erwerb weltweiter Lizenzen zur Nutzung von urheberrechtlich geschützten Werken der bildenden Künste im Internet. Die Lizenzvergabe erfolgt unter Zugrundelegung eines Gemeinschaftstarifs über einen gemeinsamen Server aller Mitglieder, über den sämtliche Anfragen bearbeitet, die Gebühren erhoben und an die Urheber ausgekehrt werden. Derzeit nimmt OLA die Rechte von über 60.000 Künstlern bzw. deren Erben wahr.[176]

VI. Ergebnis zu Deutschland

1. In Deutschland ist die Nutzung eines öffentlich ausgestellten oder zur öffentlichen Ausstellung bestimmten Werkes der bildenden Künste bzw. eines Lichtbildwerkes zur Werbung für den dessen öffentlichen Verkauf oder dessen öffentliche Ausstellung nach § 58 Abs. 1 UrhG unter bestimmten Voraussetzungen während eines bestimmten Zeitraums genehmigungs- und vergütungsfrei zulässig. Bei den privilegierten Handlungen handelt es sich um die Vervielfältigung nach § 16 UrhG, um die Verbreitung gemäß § 17 UrhG sowie um die in § 19a UrhG geregelte öffentliche Zugänglichmachung eines Werkes.

---

176 Vgl. die Informationen unter www.onlineart.info; zuletzt besucht am 1. September 2016.

Die Ausnahmeregelung des § 58 Abs. 1 UrhG kommt nicht nur Galerien, Auktionshäusern und Museen als Veranstaltern eines Verkaufs bzw. einer Ausstellung sowie der kunstinteressierten Öffentlichkeit entgegen sondern auch dem Urheber. Durch die von der Norm privilegierte Werbung werden sowohl die Bekanntheit des beworbenen Objekts befördert als auch die Besucherzahlen in Galerien, Auktionshäusern und Museen gesteigert. Gerade im Falle von Verkäufen kann daraus eine steigende Nachfrage resultieren, was wiederum einen höheren Verkaufspreis zur Folge hat. Da der Urheber über das Folgerecht des § 26 UrhG am Erlös der Weiterveräußerung eines Werkes beteiligt wird, kommt es demnach auch ihm zugute, wenn für den Verkauf geworben wird.

Auch wenn der Schöpfer keinen direkten finanziellen Vorteil durch die Nutzung seines Werkes zur Werbung für dessen Ausstellung in einem Museum oder einer Galerie erlangt, so wird dadurch zumindest sein Renommee gesteigert: Durch die Abbildung des Werkes anlässlich der Werbung für eine Ausstellung wird die besondere Wertschätzung des jeweiligen Künstlers zum Ausdruck gebracht, weil sein Werk gewissermaßen als Aushängeschild für die betreffende Veranstaltung dient. Insofern profitiert der Urheber auch in diesem Fall.

Angesichts dieser Umstände greift der Verweis auf den Grundsatz der engen Auslegung urheberrechtlicher Schrankenbestimmungen, der den Urheber vor einer unverhältnismäßigen Beeinträchtigung seines geistigen Eigentums schützen soll, im Zusammenhang mit der Frage nach der Reichweite des § 58 Abs. 1 UrhG gerade nicht.

2. Trotz des widersprüchlichen Wortlauts des § 58 Abs. 1 UrhG, der von *[...]Werbung, soweit dies zur Förderung der Veranstaltung erforderlich ist* spricht, sind der Werbung in Art und Ausmaß keine Grenzen gesetzt, weil Werbung erfahrungsgemäß stets den Absatz eines Produktes oder die Popularität einer Veranstaltung fördert. Somit kann auch keine Grenze für das Maß des Erforderlichen gezogen werden. Um den sich aus dem Wortlaut des aktuellen § 58 Abs. 1 UrhG ergebenden Widersprüchen zu begegnen, sollte de lege ferenda der Passus *soweit dies zur Förderung der Veranstaltung erforderlich ist* gestrichen werden. Stattdessen sollte eine Klarstellung dergestalt erfolgen, dass Werbung generell zulässig ist, sofern sie zugunsten der in der Regelung genannten Veranstaltungen erfolgt und keinerlei anderweitige kommerzielle Nutzung der betreffenden Werke gegeben ist.

FORMULIERUNGSBEISPIEL:

Zulässig ist die Vervielfältigung, Verbreitung und öffentliche Zugänglichmachung von öffentlich ausgestellten oder zur öffentlichen Ausstellung oder zum öffentlichen Verkauf bestimmten Werken der bildenden Künste und Lichtbildwerken durch den Veranstalter zur Werbung für die betreffende Veranstaltung unter Ausschluss jeglicher anderer kommerzieller Nutzung.

Eine derartige Änderung stünde auch im Einklang mit den Vorgaben des Art. 5 Abs. 3 lit. j der Richtlinie 2001/29/EG.

3. Der klassische Museumskatalog fällt nicht unter § 58 Abs. 1 UrhG, weil es sich dabei nicht um Werbung handelt. Er wird jedoch als Verzeichnis im Sinne des § 58 Abs. 2 UrhG privilegiert. Anders als § 58 Abs. 1 UrhG erlaubt § 58 Abs. 2 UrhG aber nur die Vervielfältigung nach § 16 UrhG und die Verbreitung nach § 17 UrhG, nicht jedoch die öffentliche Zugänglichmachung eines Werkes nach § 19a UrhG.
4. Ob unveröffentlichte Werke von § 58 Abs. 1 UrhG erfasst werden ist nicht explizit geregelt. Im Hinblick auf die Werknutzung zur Werbung für eine Ausstellung ist dies allerdings unproblematisch: In den einschlägigen Fällen darf ein Werk entweder wegen § 44 Abs. 2, 2. HS UrhG gar nicht ausgestellt werden oder in der Veräußerung eines Werkes ohne ausdrückliches Ausstellungsverbot ist die Ausübung des Veröffentlichungsrechts durch den Urheber zu sehen und das Werk gilt nicht mehr als unveröffentlicht. Hinsichtlich der Werkabbildung zur Werbung für dessen Verkauf ist in den Fällen, in denen der Urheber eine Ausstellung gemäß § 44 Abs. 2, 2. HS UrhG ausdrücklich ausgeschlossen hat, bei Anwendung des Rechtsgedankens aus dieser Vorschrift eine Nutzung nach § 58 Abs. 1 UrhG nicht gestattet, da ansonsten Sinn und Zweck des § 44 Abs. 2, 2. HS UrhG unterlaufen würden. Der Verkauf eines Werkes, dessen Ausstellung der Urheber nicht explizit ausgeschlossen hat, darf hingegen nach § 58 Abs. 1 UrhG beworben werden, da dieses durch die vorbehaltlose Erstveräußerung als veröffentlicht gilt.
5. Die Möglichkeiten des Urhebers, eine Werknutzung nach § 58 Abs. 1 UrhG aus urheberpersönlichkeitsrechtlichen Gründen ausnahmsweise zu untersagen, sind sehr beschränkt. Denkbar ist dies nur im Falle einer entstellenden Wiedergabe im Sinne des § 14 UrhG sowie, im Hinblick auf unveröffentlichte Werke, bei erfolgreicher Geltendmachung des

Rückrufsrechts wegen gewandelter Überzeugung nach § 42 Abs. 1 S. 1 UrhG.

B. Rechtslage in Großbritannien

I. Unterschiede zwischen deutschem Urheberrecht und angloamerikanischem Copyright Law

Bei einem Vergleich zwischen deutschem und angloamerikanischem Recht muss zunächst berücksichtigt werden, dass zwischen den jeweils zugrundeliegenden Rechtssystemen Unterschiede bestehen.

Abgesehen von den strukturellen Unterschieden der Rechtssysteme basieren das deutsche Urheberrecht und das angloamerikanische Copyright Law auch auf unterschiedlichen Ansatzpunkten. Bereits aus den jeweiligen Bezeichnungen ergeben sich Hinweise auf die Unterschiede: Im Urheberrecht sind wörtlich genommen die Rechte des Urhebers verankert, wohingegen das Copyright insbesondere regelt, wer dazu berechtigt ist, ein Werk zu vervielfältigen bzw. zu nutzen. Während also in Deutschland die Person des Urhebers im Vordergrund steht, liegt im angloamerikanischen Raum der Schwerpunkt auf der Regelung der Verwertung des Werkes. Dieser Umstand ist für das Verständnis der beiden Systeme von entscheidender Bedeutung.

Im Folgenden werden die wichtigsten Merkmale des deutschen Urheberrechts bzw. des angloamerikanischen Copyright skizziert.

1. Deutsches Urheberrecht

Das deutsche Urheberrecht umfasst nach § 11 Satz 1 UrhG sowohl das Urheberpersönlichkeits- als auch das Verwertungsrecht an einem Werk[177]. In dieser Vorschrift ist der allgemeine Grundsatz verkörpert, dass das Urheberrecht eine untrennbare Einheit vermögensrechtlicher und persönlichkeitsrechtlicher Bestandteile darstellt (monistische Theorie) und dem Schutz des Urhebers dient[178].

---

177 Schack, Urheber- und Urhebervertragsrecht, Rn. 343.

178 Dreier/Schulze/Schulze, UrhG, 4. Aufl. 2013, § 11 Rn. 1.

Urheber eines Werkes kann nur ein Individuum sein, weil ein Werk als Ausdruck der Persönlichkeit seines Schöpfers angesehen wird[179]. Dieses sogenannte Schöpferprinzip ist in § 7 UrhG verankert, wonach Urheber der Schöpfer eines Werkes ist. Das Urheberrecht ist somit untrennbar mit der Persönlichkeit des Werkschöpfers verbunden und nicht übertragbar[180]. Aus diesem Grund kann sich der Urheber seines Urheberrechts nicht vollständig entäußern (§ 29 Abs. 1 UrhG), sondern allenfalls Dritten, insbesondere seinem Arbeitgeber oder einer juristischen Person, nach § 29 Abs. 2 UrhG Nutzungsrechte einräumen[181].

Eine besonders wichtige Rolle im deutschen Urheberrecht spielt das in den §§ 12 – 14 UrhG statuierte Urheberpersönlichkeitsrecht. Die Tatsache, dass das Urheberpersönlichkeitsrecht systematisch den Verwertungsrechten der §§ 15-24 UrhG vorangestellt ist, macht deutlich, dass die schöpferische Persönlichkeit im Zentrum des Urheberrechts steht[182].

2. Angloamerikanisches Copyright Law

Einen anderen Ansatz verfolgt das angloamerikanische Copyright Law. Im Vordergrund stehen hier die ökonomischen Aspekte der Werkschöpfung[183]. Geschützt werden damit in erster Linie die Verwertungsrechte an einem Werk. Das Copyright wird als wirtschaftliches Recht verstanden, das Urhebern für eine begrenzte Zeit gewährt wird, um durch die damit verbundenen Privilegien einen Anreiz für schöpferische Leistung zu schaffen[184].

Anders als in Deutschland kann in den USA auch eine juristische Person – beispielsweise der Arbeitgeber des Werkschöpfers – als *author* eines

179 Stokes, Art and Copyright, 2nd Ed. 2012, 5.

180 Einen Ausnahmefall stellt im Falle des Todes des Urhebers die Übertragung durch Verfügung von Todes wegen oder an Miterben im Wege der Erbauseinandersetzung nach § 29 Abs. 1 2. Halbsatz UrhG dar.

181 Schack, Kunst und Recht, Rn. 236.

182 Schack, Urheber- und Urhebervertragsrecht, Rn. 353.

183 Schack, Urheber- und Urhebervertragsrecht, Rn. 26.

184 Dieselhorst, Das Ende des „amoralen" Copyrights? Der Visual Artists Rights Act der USA von 1990, GRUR Int 1992, 902, 903; Assmann/Bungert/Götting/Fikentscher, Handbuch des US-amerikanischen Handels-, Gesellschafts- und Wirtschaftsrechts, Band 1, 2001, 470 Rn. 209.

Werkes gelten[185]. Der *author* muss hier also gerade nicht zwingend zugleich Schöpfer des Werkes sein.

Auch in Großbritannien kann dem Arbeitgeber das Copyright an einem von seinem Arbeitnehmer geschaffenen Werk zustehen[186].

Einen deutlich geringeren Stellenwert als in Deutschland hat im angloamerikanischen Raum das Urheberpersönlichkeitsrecht. Zwar wird es in gewissem Maße unter dem Konzept der *moral rights* berücksichtigt, in denen bestimmte urheberpersönlichkeitsrechtliche Aspekte verankert sind[187], jedoch ist das Ausmaß des Schutzes nicht vergleichbar mit dem Stellenwert, der dem Urheberpersönlichkeitsrecht in Deutschland eingeräumt wird.

a. Moral Rights in Großbritannien

In Großbritannien finden sich einige *moral rights* im vierten Abschnitt des Copyright, Designs and Patents Act (CDPA)[188]: Das Recht auf Anerkennung der Urheberschaft (Sec. 77 CDPA), das Recht, sich gegen die Entstellung eines Werkes zu wehren (Sec. 80 CDPA), das Recht, sich gegen die falsche Zuschreibung eines Werkes zu wehren (Sec. 84 CDPA) sowie die Möglichkeit des Auftraggebers privater Foto- oder Filmaufnahmen, dem Urheber die Veröffentlichung und Vervielfältigung dieser Aufnahmen zu untersagen[189] (Sec. 85 CDPA).

Die *moral rights* des britischen CDPA sind nicht übertragbar[190]. Der Urheber kann jedoch in Handlungen einwilligen, die nach Secs. 77 ff. CDPA grundsätzlich eine Verletzung der *moral rights* darstellen oder – sogar für zukünftige Werke – vollumfänglich auf seine *moral rights* verzichten, sofern dies schriftlich geschieht[191].

---

185 Vgl. beispielsweise *works made for hire* gemäß 17 U.S.C. § 201 (b).

186 Vgl. Sec. 11 (2) CDPA.

187 Redmond-Cooper, Moral Rights, in: Dear Images. Art, Copyright and Culture, 69 ff.

188 Abrufbar unter http://www.legislation.gov.uk/ukpga/1988/48/contents; zuletzt besucht am 12. Dezember 2016.

189 Wobei diese Vorschrift nicht dem Schutz des Urhebers dient sondern demjenigen des Auftraggebers.

190 Vgl. Sec. 94 CDPA.

191 Vgl. Sec. 87 CDPA.

b. Moral Rights in den USA

In den USA hatten bestimmte *moral rights* seit den 1980er Jahren zunächst nur in den Copyright-Gesetzen einiger Bundesstaaten ihren Niederschlag gefunden[192], während es auf nationaler Ebene keinerlei diesbezüglichen Schutz gab.

Einige *moral rights* von bildenden Künstlern werden auf Bundesebene mittlerweile durch den Visual Artists Rights Act (VARA) von 1990 geschützt, der in § 106A Bestandteil des US Copyright Act geworden ist. Der VARA räumt dem Schöpfer eines Werkes der bildenden Künste das Recht auf Anerkennung seiner Urheberschaft ein sowie die Möglichkeit, sich gegen falsche Zuschreibung und Entstellung eines Werkes zu wehren[193]. Findet er Anwendung, verdrängt der VARA die ggf. ebenfalls in Betracht kommenden einzelstaatlichen Schutzgesetze[194]. Da er, wie bereits sein Name andeutet, nur für bildende Künstler gilt, bleibt anderen Schöpfern, deren Werke nicht zu den bildenden Künsten gehören, sein Schutz allerdings verwehrt[195].

Die im VARA statuierten *moral rights* sind nicht übertragbar, sondern untrennbar mit der Person des Werkschöpfers verknüpft. Dennoch besteht auch in den Vereinigten Staaten die Möglichkeit des Verzichts auf diese Rechte. Anders als in Großbritannien kann der Urheber jedoch keinen Pauschalverzicht erklären. Vielmehr bedarf es einer schriftlichen Verzichtserklärung, in der das betroffene Werk sowie diejenigen Rechte, auf die verzichtet werden soll, konkret benannt werden müssen[196].

c. Übertragbarkeit des Copyright

Ein weiterer grundlegender Unterschied zwischen deutschem und angloamerikanischem Recht besteht darin, dass das Copyright – anders als das deutsche Urheberrecht – grundsätzlich übertragbar ist.

---

192 Rigamonti, Deconstructing Moral Rights in: Harvard International Law Journal, Vol. 47, 353, 405.

193 Vgl. 17 U.S.C. § 106 A (a).

194 Rigamonti, Deconstructing Moral Rights in: Harvard International Law Journal, Vol. 47, 353, 405.

195 Diese genießen jedoch weiterhin ggf. Schutz auf einzelstaatlicher Ebene.

196 Vgl. 17 U.S.C. § 106 A (e) (1).

In den Vereinigten Staaten wird das Copyright wie jedes andere Eigentumsrecht behandelt, so dass die Möglichkeit der Veräußerung des Copyright besteht[197]. Die Gerichte gehen davon aus, dass für alle Werke, die vor dem 1. Januar 1978 (dem Tag des Inkrafttretens des aktuellen Copyright Act) veräußert worden sind, das Copyright automatisch auf den jeweiligen Erwerber übergegangen ist, sofern dies bei der Veräußerung nicht schriftlich ausgeschlossen worden ist[198].

Im Übrigen existiert auch im angloamerikanischen Raum das Copyright grundsätzlich unabhängig von anderen Eigentumsrechten an einem Werk. In den USA ist dies explizit in § 202 des Copyright Act[199] niedergelegt.

Auch in Großbritannien ist das Copyright übertragbar; einzige Voraussetzung ist, dass der Berechtigte die Übertragung schriftlich erklärt[200].

Anders als in Deutschland besteht im angloamerikanischen Raum aus den genannten Gründen die Möglichkeit, dass Museen Inhaber der Rechte an den in ihrem Eigentum stehenden Werken sind[201]. Im Zusammenhang mit dem Gegenstand dieser Arbeit hat das zur Folge, dass sie in den entsprechenden Fällen selbst über eine Abbildung der betreffenden Werke in Katalogen, auf Werbeplakaten etc. disponieren können, ohne dass es einer Lizenz bedürfte.

II. Entwicklung und Systematik des britischen Copyright Law

1. Common Law vs. Civil Law

Ein wesentlicher Unterschied zwischen den Rechtssystemen in Deutschland auf der einen sowie im angloamerikanischen Raum auf der anderen Seite besteht darin, dass das deutsche Recht auf dem *Civil Law* basiert, während die Rechtssysteme in Großbritannien und den USA vom *Common Law* geprägt sind.

---

197 Vgl. http://www.copyright.gov/help/faq/faq-assignment.html#transferable; zuletzt besucht am 12. Dezember 2016.

198 Martin, Scott M., Museum Copyright Licensing Agreements and Visual Artists in: Columbia-VLA Journal of Law & The Arts, 1985-86, 430.

199 Die Überschrift dieser Norm lautet: Ownership of copyright as distinct from ownership of material object.

200 Vgl. Sec. 90 CDPA.

201 Korn, Naomi / Wienand, Peter, Public Access to Art, Museums, Images, and Copyright: The Case of Tate in: Dear Images (…), 226 ff.

Die Begriffspaare Common Law und Civil Law charakterisieren die beiden großen Rechtstraditionen der westlichen Welt. Ausgehend von England hat das Common Law insbesondere das Recht der Vereinigten Staaten, des englischsprachigen Teils von Kanada sowie Australiens und Neuseelands geprägt.[202] Die Länder West- und Mitteleuropas, allen voran Italien, Spanien, Frankreich, Deutschland und die Niederlande[203], folgen hingegen der Tradition des Civil Law.[204]

Vereinfacht gesagt besteht der Unterschied zwischen Common Law und Civil Law im Wesentlichen in den unterschiedlichen Rechtsquellen, auf denen die Rechtssysteme basieren. Beim Common Law handelt es sich in erster Linie um Richterrecht, das vielfach ohne Kodifizierung auskommt, während es für das Civil Law charakteristisch ist, dass es auf gesetzlicher Grundlage basiert[205].

In jüngerer Zeit entstehen jedoch im angloamerikanischen Raum – in Großbritannien nicht zuletzt wegen der bisher noch bestehenden Mitgliedschaft in der Europäischen Union und der damit einhergehenden Rechtsangleichung – in zunehmendem Maße Gesetze (statute law).

Einen weiteren wesentlichen Unterschied zwischen den beiden Rechtssystemen stellt die Methodik dar. Die Rechtsfindung der Civil Law-Länder erfolgt deduktiv, also von allgemeinen Rechtssätzen ausgehend[206]. Im Common Law-Rechtskreis werden hingegen induktiv aus einer Summe von bisher entschiedenen Einzelfällen Rechtsgrundsätze gewonnen und auf Fälle mit vergleichbaren Sachverhalten übertragen[207].

---

202 Röhl, § 70, 1.

203 Weiterhin orientieren sich die Rechtssysteme vieler Länder in Südamerika und Südostasiens an europäischen Vorbildern des Civil Law (vgl. Röhl, § 70, 1).

204 Röhl, § 70, 1.

205 Vgl. http://www.law.berkeley.edu/library/robbins/CommonLawCivilLawTraditions.html; zuletzt besucht am 16. Dezember 2016. Dies gilt jedoch nicht ausnahmslos; in Deutschland ist beispielsweise das Arbeitsrecht sehr stark richterrechtlich geprägt (vgl. Röhl, § 70, 2).

206 Röhl, § 70, 3.

207 Förster, 13.

2. Entwicklung des britischen Copyright Law

Obwohl sich auch Großbritannien grundsätzlich durch ein vom *common law* geprägtes Rechtssystem auszeichnet, ist das britische Copyright Law streng kodifiziert.

In einer Grundsatzentscheidung[208] aus dem Jahre 1774, deren Gegenstand die Auseinandersetzung um das Copyright für literarische Werke war, hatte das House of Lords bereits entschieden, dass es für veröffentlichte Werke außerhalb eines damals geltenden Gesetzes[209] keinen Raum für Copyrightschutz auf der Ebene des *common law* gibt[210]. Somit orientiert sich die Entwicklung des britischen Copyright Law an den jeweils geltenden Gesetzen.

Das Gesetz, um das es sich in dieser Entscheidung handelte, war das vermutlich weltweit erste Gesetz zum Schutz des Copyright: Das *Statute of Anne* (8 Anne, c.19) aus dem Jahre 1710[211]. Dieses Gesetz trägt den Titel *Act for the Encouragement of Learning, by vesting the Copies of Printed Books in the Authors or Purchasers of such Copies, during the Times therein mentioned.* Aus dem Titel sowie aus der Präambel geht hervor, auf welchen rechtspolitischen Erwägungen das Gesetz beruht[212]: Zum einen sollten Buchautoren und -verleger davor geschützt werden, dass sich Dritte durch Plagiate auf ihre Kosten bereichern. Ein weiteres Ziel des Gesetzes bestand darin, Gelehrte dazu zu ermuntern, „nützliche" (useful) Bücher zu schreiben und damit das Lernen zu befördern.

Das *Statute of Anne* gewährte Buchautoren, Druckern, Buchhändlern und in ähnlicher Weise tätigen Personen ein Ausschließlichkeitsrecht, das zunächst 14 Jahre für unveröffentlichte sowie 21 Jahre für veröffentlichte Werke galt[213]. Der Schutz für unveröffentlichte Werke konnte dabei einmalig um weitere 14 Jahre verlängert werden, sofern der Autor zu diesem

---

208 Donaldson v. Beckett, (1774) 4 Burr. 2408, 2 Bro. PC 129.

209 Das Statute of Anne, siehe dazu sogleich.

210 Dies galt nicht für unveröffentlichte Werke – diese wurden weiterhin durch *common law* Copyright geschützt. Diese Praxis wurde allerdings mit Inkrafttreten des Copyright Act von 1911 abgeschafft; vgl. Stokes, Art and Copyright, 2nd Ed. 2012, 27.

211 Dietz, Verfassungsklauseln und Urheberrecht, GRUR Int. 2006, 1.

212 Vgl. den Text der Präambel unter http://www.copyrighthistory.com/anne.html; zuletzt besucht am 12. Dezember 2016.

213 Das Gesetz spricht von „authors", „printers, „booksellers" und „other persons". Vgl. 8 Anne c.19, s. 2.

Zeitpunkt noch am Leben war. Auf den Schutz des Gesetzes konnte sich allerdings nur berufen, wer das jeweilige Schriftwerk vor der Veröffentlichung hatte registrieren lassen[214].

Bestimmte Werke der bildenden Künste wurden in Großbritannien erstmals im Jahre 1734 durch den *Engraving Copyright Act*[215] geschützt[216]. Dieser galt jedoch, wie bereits sein Name suggeriert, nur für Stiche und auch nur für solche, die von ihrem Schöpfer sowohl entworfen, als auch gestochen worden waren. Das Gesetz wurde auf Betreiben des Künstlers William Hogarth erlassen, der nach einer Handhabe gegen die zur damaligen Zeit weitläufig verbreitete Praxis, seine Werke zu kopieren, strebte[217].

Ein Copyrightschutz für Malerei, Zeichnungen und Fotografien existiert erst seit 1862[218]. Der Schutz der Werke erstreckte sich dabei über einen Zeitraum bis sieben Jahre nach dem Tod des Urhebers[219].

Da Großbritannien den Vertragsstaaten der Berner Übereinkunft von 1886 beigetreten war, hatte die Berliner Revisionskonferenz zur Überarbeitung der Übereinkunft aus dem Jahre 1908 großen Einfluss auf den britischen *Copyright Act* von 1911. Dieser dehnte den Schutz der meisten Werkarten auf einen Zeitraum von 50 Jahren nach dem Tod des Urhebers aus und schaffte das Registrierungserfordernis als Voraussetzung für den Copyrightschutz ab[220].

Ein späterer *Copyright Act* datiert aus dem Jahre 1956. Er erweiterte den gesetzlichen Schutzbereich unter anderem um Werkarten wie Rundfunksendungen und Kinofilme[221].

Der noch immer geltende *Copyright, Designs and Patents Act* (CDPA) von 1988 wurde seit seinem Inkrafttreten mehrmals durch Rechtsverordnungen modifiziert und ergänzt, um EG-Richtlinien in nationales Recht umzusetzen[222].

---

214 Bainbridge, 35.
215 Stat. 8 Geo.II, c.13
216 Vgl. Howard, Jeremy R. in: *Encyclopædia Britannica Online,* http://www.britannica.com/EBchecked/topic/1557506/art-market/282946/The-rise-of-London; zuletzt besucht am 12. Dezember 2016.
217 Stokes, Art and Copyright, 2nd Ed. 2012, 27.
218 Stat. 25 & 26 Vict. c. 68
219 Stokes, Art and Copyright, 2nd Ed. 2012, 28.
220 Stokes, Art and Copyright, 2nd Ed. 2012, 28-29.
221 Bainbridge, 36.
222 Stokes, Art and Copyright, 2nd Ed. 2012, 29.

3. Der Copyright, Designs and Patents Act

Das aktuelle britische Copyright basiert auf dem *Copyright, Designs and Patents Act* (CDPA), der am 1. August 1989 in Kraft trat[223].

a. Aufbau des CDPA

Das Gesetz gliedert sich in sieben Teile, wobei der erste Teil, der seinerseits in zehn Kapitel untergliedert ist, die Vorschriften zum Copyright enthält.

Das erste Kapitel enthält in Sec. 1 bis Sec. 15 A Definitionen, allgemeine Vorschriften zu Begründung, Inhaberschaft und Dauer des Copyright. Erster Inhaber des Copyright an einem Werk ist nach Sec. 11 (1) CDPA dessen Schöpfer. Dieser hat – anders als in Deutschland – die Möglichkeit, das Copyright zu veräußern[224], so dass die Urheberschaft und das Copyright an einem Werk getrennt voneinander bestehen können.

Handelt der Schöpfer eines Werkes in seiner Eigenschaft als Arbeitnehmer, so steht das Copyright daran nach Sec. 11 (2) CDPA seinem Arbeitgeber zu[225]. Das Copyright endet nach Sec. 12 (2) CDPA 70 Jahre nach dem Tod des Werkschöpfers. Die Rechte des Copyright-Inhabers (wie z.B. das Vervielfältigungs- und das Verbreitungsrecht) sind im zweiten Kapitel (Sec. 16 bis Sec. 27) geregelt. Gleichzeitig wird dort aufgelistet, worin eine Verletzung dieser Rechte besteht. Im dritten Kapitel (Sec. 28 bis Sec. 76) sind die Ausnahmeregelungen statuiert. Das vierte Kapitel (Sec. 77 bis Sec. 89 CDPA) beschäftigt sich mit den urheberpersönlichkeitsrechtlichen *moral rights*. Die Handhabung des Copyright (Übertragung, Lizenzen etc.) wird im fünften Kapitel in Secs. 90 bis 95 geregelt. Kapitel sechs (Sec. 96 bis Sec. 115) legt die Konsequenzen für den Fall der Verletzung des Copyright an einem geschützten Werk fest. Das siebte Kapitel (Sec. 116 bis Sec. 144 A) setzt sich der Lizenzierung auseinander. Im achten Kapitel finden sich in Sec. 145 bis Sec. 152 die Vorschriften über das Copyright

---

223 Durie, Der englische Copyright, Designs and Patents Act von 1988, GRUR Int. 1990, 832.

224 Vgl. Sec. 90 CDPA.

225 Dies gilt für Werke der bildenden Künste, der Literatur, des Theaters, der Musik und für Filmwerke, vgl. Sec. 11 (2) CDPA.

Tribunal[226]. Das neunte Kapitel regelt in Sec. 153 bis Sec. 162 die Qualifizierung für den Schutz des Copyright und dessen räumliche Erstreckung. Schließlich enthält das zehnte Kapitel in Sec. 163 bis Sec. 179 sonstige Vorschriften, die sich unter anderem mit dem *crown copyright*[227], sowie mit der Gesetzesauslegung beschäftigen und weitere Definitionen für im Gesetz verwandte Termini enthalten.

b. Ausnahmeregelungen des CDPA

Die Ausnahmeregelungen befinden sich im dritten Kapitel, das die Überschrift *Acts Permitted in relation to Copyright Works* trägt.

Eingeleitet wird dieses Kapitel mit Sec. 28, einer Norm, die allgemeine Feststellungen im Hinblick auf den Umgang mit den Ausnahmeregelungen trifft. Unter anderem wird klargestellt, dass die Ausnahmen nur für das Copyright gelten und eine Handlung, die nach Kapitel 3 des CDPA erlaubt ist, möglicherweise gleichzeitig bestehende Rechte außerhalb des Copyright verletzen kann[228].

(1) Fair Dealing

Die wegen ihrer Reichweite wohl bedeutendsten Ausnahmevorschriften des CDPA sind die Regelungen des sog. *fair dealing* in Sec. 29 und Sec. 30[229]. Sie beziehen sich auf die Nutzung von Werken im Zusammenhang mit Studium und nichtkommerzieller Forschung (Sec. 29) sowie zu Zwecken der Kritik, Rezension und Berichterstattung über Tagesereignisse (Sec. 30). Danach sind bestimmte Handlungen in diesen Bereichen gestattet, sofern die jeweilige Tätigkeit unter den Begriff *fair dealing* subsumiert werden kann[230]. Das Wort „dealing" hat in diesem Zusammenhang keine

---

226 Siehe dazu Seite 101 f.

227 Dies sind Sonderregelungen in Bezug auf Werke – insbesondere Schriftwerke – die durch Angestellte der Königin im Rahmen ihrer Aufgaben geschaffen worden sind.

228 Vgl. Sec. 28 (1) CDPA.

229 Bently/Sherman, 223.

230 Der Begriff *fair dealing* des britischen Rechts ist nicht zu verwechseln mit dem *fair use* des US-amerikanischen Rechts.

kommerzielle Konnotation, es meint lediglich die Nutzung eines Copyright-geschützten Werkes[231].

Die beiden Vorschriften nennen einen abschließenden Katalog von Anwendungsfällen, die für die Ausnahmeregelungen in Betracht kommen. Ist ein solcher Anwendungsfall gegeben, muss auf einer zweiten Stufe zusätzlich geprüft werden, ob es sich bei der jeweiligen Tätigkeit um *fair* dealing handelt. Wenn diese beiden Voraussetzungen erfüllt sind, ist die betreffende Handlung ausnahmsweise zulässig.

Eine Legaldefinition für den Begriff des *fair dealing* gibt es nicht, sondern lediglich verschiedene Faktoren, die als Indizien für ein *fair dealing* gelten können. Zu diesen Faktoren gehören unter anderem das Ausmaß des genutzten Werkes (je intensiver und umfangreicher die Nutzung, desto eher ist von *unfair* use auszugehen), die Art der Nutzung (beispielsweise ob es im Rahmen der Nutzung kommentiert oder analysiert wird), die Motive für die Nutzung und deren wirtschaftliche Konsequenzen für den Copyright-Inhaber.[232]

(2) Sec. 63 CDPA

Während die Vorschriften über das *fair dealing* für einen Großteil aller geschützten Werkarten gelten[233], regeln die Secs. 62-64 des CDPA Ausnahmen speziell für *artistic works*. In Sec. 63 CDPA findet sich die für den Gegenstand dieser Arbeit relevante Ausnahmeregelung.

Sec. 63 – mit dem Titel *Advertisement of sale of artistic work* überschrieben – regelt einen Ausnahmetatbestand, der dem Regelungsgehalt des deutschen § 58 Abs. 1 UrhG ähnelt. Durch die Umsetzung der Richtlinie 2001/29/EG in britisches Recht hat die Norm keine Änderung erfahren. Im Jahr 2003 wurde lediglich der zweite Absatz geringfügig modifiziert[234].

---

231 Bently/Sherman, 224.

232 Bently/Sherman, 224-226.

233 Der Anwendungsbereich des Sec. 29 bezieht sich auf literarische und dramatische Werke sowie auf Werke der bildenden Künste, des Kunsthandwerks und Architektur- und Musikwerke; Sec. 30 gilt für alle nach dem CDPA geschützten Werkarten.

234 Siehe dazu Seite 94.

63 Copyright, Designs and Patents Act

(1) *It is not an infringement of copyright in an artistic work to copy it, or to issue copies to the public, for the purpose of advertising the sale of the work.*

(2) *Where a copy which would otherwise be an infringing copy is made in accordance with this section but is subsequently dealt with for any other purpose, it shall be treated as an infringing copy for the purposes of that dealing, and if that dealing infringes copyright for all subsequent purposes.*

For this purpose "dealt with" means sold or let for hire, offered or exposed for sale or hire, exhibited in public, distributed or communicated to the public.

(a) Sec. 63 (1) CDPA

Sec. 63 CDPA stellt in Absatz 1 fest, dass es keine Verletzung des Copyright an einem Werk im Sinne dieser Regelung (nämlich einem *artistic work*) darstellt, wenn es zum Zwecke der Werbung für seinen Verkauf vervielfältigt (*to copy*) wird bzw. Vervielfältigungen des Werkes aus diesem Anlass in der Öffentlichkeit verbreitet (*to issue copies to the public*) werden.

Unter die Bezeichnung *artistic work* fallen gemäß der Definition in Sec. 4 (1) CDPA sämtliche graphischen Werke[235], Fotografien, Skulpturen, Collagen, Werke der Architektur und Kunsthandwerk.

Von dem Begriff *advertising* im Sinne des Sec. 63 (1) CDPA sind – wie im deutschen Recht – nicht nur Anzeigen, Plakate u.ä. sondern auch Auktions- und Verkaufskataloge erfasst[236].

Der Wortlaut des Sec. 63 (1) CDPA gestattet die Werbung für den Verkauf eines Kunstwerkes, ohne das zulässige Maß dieser Werbung dabei zu beschränken. Dies ist insofern bemerkenswert, als die Richtlinie 2001/29/EG, die von Großbritannien ebenso in nationales Recht umzusetzen war, wie von Deutschland, von einem zulässigen Ausmaß spricht[237].

---

235 Die Definition des Begriffs *graphic works* ist sehr weit gefasst: Darunter fallen nach Sec. 4 (2) CDPA Malerei, Zeichnungen, Diagramme, Landkarten, Pläne, Stiche, Radierungen, Lithographien, Holzschnitte und vergleichbare Werke.

236 Stokes, Art and Copyright, 2001, 55.

237 Art. 5 Abs. 3 lit. j der RL 2001/29/EG: "(…) to the extent necessary to promote the event (…)".

Obwohl die in Art. 5 der Richtlinie aufgezählten Ausnahmen abschließend sind[238] und der nationale Gesetzgeber keine darüber hinausgehenden Ausnahmeregelungen aufstellen darf, wird die pauschale Erlaubnis in Sec. 63 (1) CDPA im Hinblick auf die Vorgaben der RL 2001/29/EG offensichtlich als unproblematisch angesehen, denn es gibt keine Hinweise auf eine Beanstandung der britischen Regelung.

Nicht endgültig geklärt ist die Frage, ob und inwiefern Sec. 63 (1) CDPA auch die Verbreitung von Werkreproduktionen im Internet (z.B. durch Werbeanzeigen oder virtuelle Kataloge) erlaubt.

Während Stokes der Ansicht ist, dass nach Sec. 63 (1) CDPA auch virtuelle Auktions- und Verkaufskataloge im Internet privilegiert sind[239], geht die Verwertungsgesellschaft Design and Artists Copyright Society (DACS)[240] davon aus, dass dies nicht der Fall ist.

Stokes argumentiert, dass es eine nicht nachvollziehbare Ungleichbehandlung zwischen privilegierten Print-(und Offline-)Katalogen einerseits und nicht privilegierten Online Katalogen andererseits darstellte, wenn hier zwischen Print- (bzw. Offline-) und Online-Medien unterschieden würde, die dem selben Zweck dienten[241].

Die DACS hingegen begründet ihre Ansicht mit dem Gesetzeswortlaut. In Sec. 63 (2) CDPA[242], der die nachträgliche Verbreitung von Vervielfältigungen eines Werkes verbietet, würden nämlich verschiedene Handlungen aufgeführt, die in diesem Zusammenhang unter die Bezeichnung *dealt with* fallen. Erwähnt werde hier auch der Begriff *communicated to the public*, der in Sec. 20 (2) (b) CDPA definiert ist[243]. Der Terminus *communication* wiederum beinhalte die Werknutzung im Internet. Aus der Tatsache, dass das Wort *communication* bzw. *communicated* nur in Sec. 63 (2) CDPA erwähnt ist, nicht jedoch in Sec. 63 (1) CDPA, folgert die DACS,

---

238 Vgl. Erwägungsgrund (32) der RL 2001/29/EG.

239 Stokes, Art and Copyright, 2nd Ed. 2012, 67.

240 Siehe dazu Seite 95 ff.

241 Ebenda.

242 Siehe dazu Seite 94.

243 Sec. 20 (2) (b) CDPA: References in this Part to communication to the public are to communication to the public by electronic transmission, and in relation to a work include the making available to the public of the work by electronic transmission in such a way that members of the public may access it from a place and at a time individually chosen by them.

dass die nach dem ersten Absatz erlaubte Werbung gerade nicht deren Verbreitung im Internet beinhalte[244].

Zu dieser Schlussfolgerung ist anzumerken, dass der Begriff *communicated to the public* in Sec. 63 (2) CDPA als Unterfall der Formulierung *dealt with* genannt wird, die nur im zweiten Absatz auftaucht. Privilegiert wird in Sec. 63 (1) CDPA hingegen die Handlung des *to issue copies to the public*. Dieser Terminus ist in Sec. 8 (2) CDPA als *the act of putting into circulation* definiert, wobei der Begriff *circulation* seinerseits im Gesetz nicht näher erläutert wird.

Circulation meint im Deutschen Kreislauf, Umlauf, Verbreitung und (Zeitungs-) Auflage[245]. Hierzu ist festzustellen, dass Werkreproduktionen auch über das Internet in Umlauf gebracht werden können (beispielsweise durch entsprechende Werbeanzeigen auf einer Website).

Aus dem Wortlaut des Sec. 63 (2) CDPA können nicht ohne weiteres Rückschlüsse für die Interpretation des Sec. 63 (1) gezogen werden. Vielmehr muss angesichts der offenen Formulierung *to issue copies to the public* in Sec. 63 (1) CDPA dieser Erlaubnistatbestand auch die Verbreitung über das Internet beinhalten.

Durch die Rechtsprechung ist diese Auslegungsfrage bislang nicht geklärt worden. Die Tatsache, dass ein entsprechendes Gerichtsverfahren in Großbritannien enorm hohe Kosten von bis zu 250.000 GBP verursachen kann (die im Falle des Unterliegens vom Kläger zu tragen sind) kombiniert mit dem Umstand, dass der bei einer festgestellten Copyright-Verletzung zu zahlende Schadensersatz nicht immens ist[246], schreckt viele Copyright-Inhaber in Großbritannien von einer klageweise Geltendmachung ihrer Rechte ab. Vor Gericht kommen daher im Bereich des Copyright in der Regel nur die Fälle, in denen es um sehr große Summen geht, wie bei populärer Musik oder Filmen.[247]

---

244 Auskunft von Ch. Zimmermann, Legal & Business Affairs Manager der DACS, vom 10. Mai 2010.

245 Vgl. Langenscheidts Jubiläumswörterbuch Englisch, 10. Auflage 1988.

246 In der Regel orientiert sich die Höhe des Schadensersatzes am tatsächlich entstandenen Schaden bzw. wird im Wege der Lizenzanalogie berechnet; siehe dazu auch *Assessment of damages* im Statutory Instrument 2006 No. 1028, abrufbar unter http://www.legislation.gov.uk/uksi/2006/1028/made (zuletzt besucht am 14. Oktober 2016).

247 Auskunft von Ch. Zimmermann, Legal & Business Affairs Manager der DACS, vom 10. Mai 2010.

(b) Sec. 63 (2) CDPA – Einschränkung des Erlaubnistatbestands

Der Erlaubnistatbestand des Sec. 63 (1) CDPA wird im zweiten Absatz eingeschränkt: Wenn die Vervielfältigung eines Werkes, die im Einklang mit Absatz 1 hergestellt worden ist, nachträglich verkauft, vermietet oder zu diesem Zweck angeboten, öffentlich ausgestellt oder öffentlich verbreitet bzw. kommuniziert wird, so gilt dies als Verletzung des Copyright an dem betroffenen Werk.

Durch die Einschränkung des Sec. 63 (2) CDPA wird der Privilegierung des ersten Absatzes vor allem in zeitlicher Hinsicht eine Grenze gezogen: Sobald der Verkauf des jeweiligen Werkes vonstattengegangen ist, sind Vervielfältigungs- und Verbreitungshandlungen grundsätzlich unzulässig, selbst wenn es sich um Vervielfältigungsexemplare handelt, deren Herstellung bzw. Verbreitung ursprünglich nach Absatz 1 erlaubt war.

Die Einschränkung des zweiten Absatzes verhindert, dass die Rechte des Copyright-Inhabers durch die kommerzielle Verbreitung von ursprünglich zulässigen Kopien eines Werkes unterwandert werden, indem beispielsweise mit Auktionskatalogen gehandelt wird.

Der Wortlaut des Sec. 63 (2) CDPA wurde im Jahr 2003 insofern modifiziert[248], als er um die Worte *communicated to the public* ergänzt wurde, um auf die Anforderungen der Informationsgesellschaft zu reagieren.

4. Unterschiede zum deutschen Recht

Die britische Schrankenregelung ist im Vergleich zu § 58 Abs. 1 UrhG deutlich enger gefasst. Zum einen wird in Sec. 63 (2) CDPA eine klare zeitliche Grenze für den Privilegierungstatbestand des Sec. 63 (1) CDPA gezogen, während die deutsche Regelung keine derart explizite Formulierung enthält[249]. Der prägnanteste Unterschied zum deutschen Recht besteht jedoch darin, dass nach Sec. 63 (1) CDPA die Vervielfältigung und Verbreitung eines Werkes ausschließlich im Hinblick auf dessen Verkauf privilegiert ist.

Gerade die Werknutzung zur Werbung für die in der Praxis mindestens ebenso wichtige Ausstellung eines Werkes sowie die Abbildung in einem Museumskatalog fallen nicht unter den Erlaubnistatbestand. Das bedeutet,

248 Statutory Instrument 2003 No. 2498.

249 Siehe Seite 55 ff.

dass jegliche Wiedergabe eines Copyright-geschützten Werkes im Zusammenhang mit einer Ausstellung – sei es auf Werbeplakaten, in Zeitungsannoncen, in Ausstellungskatalogen etc. – in Großbritannien genehmigungs- und gebührenpflichtig ist[250].

5. Beurteilung des Beispielsfalls[251] nach britischem Recht

In dem oben genannten Beispielsfall, in dem ein Auktionshaus mit einer 72-seitigen farbigen Anzeige für eine bevorstehende Auktion geworben hatte, die optisch wie ein Auktionskatalog gestaltet und als Beilage zu einem renommierten Kunstmagazin herausgegeben worden war, wäre diese Anzeige nach britischem Recht im Sinne des Sec. 63 (1) CDPA im Vorfeld der Auktion grundsätzlich zulässig, denn dadurch wird der Verkauf der innerhalb der Anzeige wiedergegebenen Werke beworben. Voraussetzung für diese Einschätzung ist jedoch auch hier, dass die Anzeige nicht vorrangig der Imagepflege des werbenden Auktionshauses dient, denn aus dem Wortlaut des Sec. 63 (1) CDPA geht eindeutig hervor, dass nur die Werbung für den Verkauf des Werkes – und nicht diejenige für den Werbenden selbst – von der Privilegierung der Vorschrift erfasst ist. Weiterhin müsste sichergestellt sein, dass die Anzeige nach Ende der Auktion nicht mehr verbreitet wird, so dass das Kunstmagazin, als dessen Beilage sie erschienen war, ab diesem Zeitpunkt seinerseits nicht mehr hätte verkauft werden dürfen (oder nur ohne die betreffende Beilage).

6. Rechtewahrnehmung durch die Design and Artists Copyright Society

Großbritanniens größte für die Belange bildender Künstler zuständige Verwertungsgesellschaft ist die Design and Artists Copyright Society (DACS).

Die DACS ist eine gemeinnützige Gesellschaft in Gestalt einer *company limited by guarantee* (CLG). Dabei handelt es sich um eine Sonderform

---

250 Eine Ausnahme stellen allerdings die Fälle dar, in denen ein Museum oder ein Verkäufer selbst Inhaber des Copyright an dem betreffenden Werk ist, siehe dazu Seite 84.

251 LG Berlin, ZUM-RD 2007, 421 ff.; siehe Seite 41 ff.

der britischen *limited company*, deren Haftung durch eine im Gesellschaftsvertrag festgelegte Garantiesumme beschränkt ist[252].

Gegründet wurde die DACS im Jahr 1984. Derzeit repräsentiert sie ca. 90.000 Künstler weltweit. Zu ihren wichtigsten Aufgaben gehören die Lizenzierung von Bildrechten und die Verwaltung von Folgerechtsabgaben.[253]

Die Lizenzierung durch die DACS unterteilt sich in Primär- und Kollektivlizenzierung. Eine Primärlizenz wird hinsichtlich all derjenigen Rechte vergeben, die vom Künstler individuell ausgeübt werden können, unter anderem das Vervielfältigungs- und Verbreitungsrecht sowie die *moral rights*. Die kollektive Lizenzierung bezieht sich auf diejenigen Rechte, die gar nicht oder nur sehr umständlich von einem einzelnen Rechteinhaber ausgeübt werden können. Dazu zählen beispielsweise das Satelliten- und Kabelweitersendungsrecht und bestimmte reprographische Rechte.[254] Das inzwischen auch in Großbritannien eingeführte Folgerecht kann nur durch eine Verwertungsgesellschaft wahrgenommen werden[255].

a. Die Einführung des Folgerechts in Großbritannien

Im Zuge der Umsetzung der EG-Folgerechtsrichtlinie 2001/84/EG[256] hat das Folgerecht – entgegen den Bemühungen der britischen Regierung, die sich aus Angst, auf dem Kunstmarkt einen Wettbewerbsvorteil zu verlieren, vehement gegen die Einführung einer solchen Regelung ausgesprochen hatte[257] – auch in Großbritannien Einzug gehalten. Seit dem 14. Februar 2006 ist dort gemäß Statutory Instrument 2006 No. 346 das Artist's Resale Right in Kraft. Danach hat der Urheber eines Kunstwerkes nunmehr das Recht, bei allen Weiterverkäufen seines Werkes, an denen ein Kunsthändler oder Kunstvermittler als Käufer oder Verkäufer beteiligt ist, einen bestimmten Prozentsatz des Verkaufserlöses zu verlangen[258].

---

252 Just, Die englische Limited in der Praxis, Rn. 12.

253 Vgl. http://www.dacs.org.uk/about-us/what-is-dacs; zuletzt besucht am 12. Dezember 2016.

254 Copinger/Skone-James, 1835.

255 Vgl. 14 (1) des Statutory Instrument 2006 No. 346.

256 Siehe dazu Seite 45 f.

257 Michalos, 629.

258 Vgl. 12 (3) (a) des Statutory Instrument 2006 No. 346.

Vergütungssätze:

Vergütung	Veräußerungserlös in EUR
4 %	bis 50.000
3 %	zwischen 50.000,01 und 200.000
1 %	zwischen 200.000,01 und 350.000
0,5 %	zwischen 350.000,01 und 500.000
0,25 %	über 500.000

Die Untergrenze für die Abgabepflicht bilden hier Verkäufe ab einem Weiterverkaufspreis von EUR 1.000. Die Höhe der Abgabe ist auf maximal EUR 12.500 begrenzt[259].

Es gibt in Großbritannien derzeit zwei Verwertungsgesellschaften, die Folgerechtsansprüche wahrnehmen: Zum einen die DACS, zum anderen die Artists' Collecting Society (ACS)[260].

Die Folgerechtsrichtlinie sieht allerdings für diejenigen EU-Mitgliedstaaten, die – wie Großbritannien – im Zeitpunkt ihrer Verabschiedung am 27. September 2001 kein Folgerecht kannten, in Art. 8 Abs. 2 und 3 eine Sonderregelung in Bezug auf Verkäufe von Werken bereits verstorbener Urheber vor. Demzufolge musste Großbritannien eine Folgerechtsregelung für die Werke verstorbener Künstler grundsätzlich erst ab dem 1. Januar 2010 einführen.

Es bestand darüber hinaus nach Art. 8 Abs. 3 der Richtlinie 2001/84/EG die Möglichkeit, diese Frist um weitere zwei Jahre zu verlängern, sofern dies erforderlich ist, um die nationale Wirtschaft an ein Folgerechtssystem anzupassen. Von dieser Option hat Großbritannien Gebrauch gemacht[261], so dass Folgerechtsabgaben für die Werke verstorbener Urheber erst seit dem 1. Januar 2012 zu leisten sind[262].

---

259 Vgl. Schedule 1 des Statutory Instrument 2006 No. 346; die Vergütungssätze sind in Art. 4 Abs. 1 der Richtlinie 2001/84/EG verbindlich vorgegeben.

260 Vgl. https://www.artquest.org.uk/artlaw-article/ten-years-after/; zuletzt besucht am 12. Dezember 2016.

261 Gemäß den Artist's Resale Right (Amendment) Regulations 2009 im Statutory Instrument 2009 No. 2792.

262 Vgl. https://www.gov.uk/artists-resale-right#introduction; zuletzt besucht am 12. Dezember 2016.

b. Preisgestaltung der DACS für die Werknutzung

Die DACS gestaltet ihre Preise je nach Zweck der vom Nutzer angestrebten Verwendung der Werke bzw. Werkreproduktionen. Die Höhe der Lizenzgebühren wird dabei in der Regel pro genutztem Werk und pro Nutzung berechnet. Museen und andere kulturelle Einrichtungen, die bei der Nutzung von Werken zu Zwecken der Werbung für Ausstellungen oder für Ausstellungskataloge von der Privilegierung des Sec. 63 (1) CDPA gerade nicht erfasst sind, werden gegenüber kommerziellen Nutzern durch niedrigere Tarife begünstigt.[263]

Um dies zu illustrieren, sei ein Beispiel genannt: Für die Reproduktion eines Werkes in einem Ausstellungskatalog, der von einem Museum oder einer Kultureinrichtung herausgegeben wird, beträgt die Gebühr bei einer Auflagenhöhe von bis zu 3.000 Stück 37,00 GBP für die Wiedergabe innerhalb des Katalogs und 104,00 GBP für die Nutzung auf der Titelseite[264]. Auktionshäuser, kommerzielle Galerien und Kunsthändler, die Werke für einen Katalog in einer Weise verwenden, die nicht unter den Tatbestand des Sec. 63 (1) CDPA fällt[265], müssen für die Wiedergabe eines Werkes innerhalb eines Katalogs mit gleicher Auflagenhöhe 69,00 GBP zahlen und für den Abdruck auf dem Titel 213,00 GBP[266].

---

263 Vgl. http://www.dacs.org.uk/licensing-works/frequently-asked-questions#FAQ122; zuletzt besucht am 12. Dezember 2016.

264 http://www.dacs.org.uk/licensing-works/price-lists/public-galleries-museums-cultural-organisations/exhibition-catalogues-and-other-publications (Stand: Dezember 2016); zuletzt besucht am 12. Dezember 2016. Die Preise beziehen sich auf die weltweite Verbreitung eines Katalogs in englischer Sprache; für andere Sprachen sind höhere Gebühren zu entrichten.

265 Z.B. für Werke in einem Katalog, die selbst nicht zum Verkauf stehen, sondern zu Vergleichszwecken neben dem angebotenen Werk abgebildet werden oder in denjenigen Fällen, in denen ein Katalog auch nach Ende der beworbenen Verkaufsveranstaltung vertrieben wird.

266 http://www.dacs.org.uk/licensing-works/price-lists/auction-houses-commercial-galleries/sales-or-exhibition-catalogues (Stand: Dezember 2016); zuletzt besucht am 12. Dezember 2016. Die Preise beziehen sich auf eine Verbreitung innerhalb des UK und auf dem europäischen Markt.

c. Handhabung von Sec. 63 (1) CDPA durch die DACS

(1) Enge Auslegung von Sec. 63 (1) CDPA

Wie oben dargestellt, werden Auktions- und Verkaufskataloge, in denen zur Veräußerung angebotene Kunstwerke abgebildet sind, von Sec. 63 (1) CDPA privilegiert. Auf diesen Umstand verweist auch die DACS. Allerdings macht sie dabei zwei Einschränkungen. Zum einen vertritt sie die Ansicht, dass die aus Sec. 63 (1) CDPA folgende Privilegierung nicht für die Verbreitung von Werkreproduktionen im Internet gilt[267], zum anderen schränkt sie den Anwendungsbereich der Regelung insofern ein, als sie für die Nutzung von Werken in Auktions- und Verkaufskatalogen, die außerhalb des Vereinigten Königreichs verbreitet werden, gegebenenfalls eine Lizenzgebühr berechnet.[268] Für die Einschränkung des räumlichen Anwendungsbereichs von Sec. 63 (1) CDPA gibt es innerhalb des Privilegierungstatbestands jedoch keine Anhaltspunkte. Auch die enge Auslegung der Norm im Hinblick auf die Werkverbreitung über das Internet und die daraus resultierende Beschränkung der Privilegierung auf physische Werkreproduktionen geht nicht eindeutig aus der Norm hervor[269]. Insofern wird der Privilegierungstatbestand des Sec. 63 (1) CDPA durch die DACS zu restriktiv gehandhabt.

(2) Besondere Anforderung im Hinblick auf Verkaufskataloge

Da es in Großbritannien bei Katalogen von Kunsthändlern und kommerziellen Galerien eher unüblich ist, Werkabbildungen mit Preisabgaben zu versehen, erwecken die Kataloge gelegentlich den Eindruck, sie seien reine Ausstellungs- und keine Verkaufskataloge. Dies wirft insofern Probleme auf, als Ausstellungskataloge nicht unter das Privileg des Sec. 63 (1) CDPA fallen. Um diesem Konflikt zu begegnen, verlangt die DACS, dass die Kataloge zumindest einen expliziten Hinweis darauf enthalten, dass die widergegebenen Werke zum Verkauf stehen. In diesem Zusammen-

---

267 Siehe dazu Seite 92 ff.

268 Vgl. http://www.dacs.org.uk/licensing-works/price-lists/auction-houses-commercial-galleries/sales-or-exhibition-catalogues; zuletzt besucht am 12. Dezember 2016).

269 Siehe dazu Seite 92 ff.

hang existieren auch entsprechende Abmachungen zwischen der DACS und den großen Interessenverbänden des britischen Kunstmarkts wie der *Society of London Art Dealers* (SLAD) und der *British Art Market Foundation* (BAFM).[270]

d. Kontrolle der britischen Verwertungsgesellschaften

Nachdem die Gründung und die Existenz von Verwertungsgesellschaften in Großbritannien anders als in Deutschland lange Zeit nicht gesetzlich geregelt war, ist seit dem 10. April 2016 das Statutory Instrument 2016 No. 221[271] in Kraft, welches der Umsetzung der Verwertungsgesellschaftenrichtlinie 2014/26/EU dient. Die darin enthaltenen Vorschriften regeln die Tätigkeit und Kontrolle der Verwertungsgesellschaften. Der *Copyright, Design and Patents Act* enthält ebenfalls einige Regelungen, die sich mit Verwertungsgesellschaften befassen.

(1) Statutory Instrument 2016 No. 221

Die Vorgaben des Statutory Instrument 2016 No. 221 sollen in erster Linie sicherstellen, dass die Verwertungsgesellschaften im besten Interesse der Rechteinhaber agieren, die sie vertreten[272]. Dazu gehört unter anderem, dass den Mitgliedern keine Verpflichtung auferlegt werden darf, die zum Schutz und zur Wahrnehmung ihrer Rechte nicht objektiv erforderlich ist[273] sowie eine effektive Mitbestimmungsmöglichkeit durch die Mitglieder[274]. Auch Transparenz im Umgang mit der Einnahme und der Vertei-

---

270 Auskünfte von Ch. Zimmermann, Legal & Business Affairs Manager der DACS vom 10. Mai 2010.

271 Collective Management of Copyright (EU Directive) Regulations 2016; erhältlich unter http://www.legislation.gov.uk/uksi/2016/221/contents/made; zuletzt besucht am 12. Dezember 2016.

272 Vgl. Guidance on the UK Regulations implementing the Collective Rights Management (CRM) Directive, 4; erhältlich unter https://www.gov.uk/government/publications/the-collective-rights-management-directive; zuletzt besucht am 12. Dezember 2016.

273 Vgl. Sec. 3 des Statutory Instrument 2016 No. 221.

274 Vgl. Secs. 6, 7 des Statutory Instrument 2016 No. 221.

lung der Erlöse ist eine wesentliche Verpflichtung von Verwertungsgesellschaften[275].

(2) Regelungen des CDPA

Weitere Vorschriften, die sich mit der Praxis von Verwertungsgesellschaften befassen, sind im *Copyright, Designs and Patents Act* enthalten. Die Regelungen des CDPA konzentrieren sich dabei auf das Verhältnis zwischen den Verwertungsgesellschaften und (potentiellen) Werknutzern.

(a) Siebtes Kapitel des CDPA: Copyright Licensing

Das siebte Kapitel des CDPA beschäftigt sich unter der Überschrift *Copyright Licensing* in den Secs. 116 bis 144A mit der Lizenzierung der Nutzung Copyright-geschützter Werke. Zweck dieser Vorschriften ist es, zu verhindern, dass Copyright-Inhaber oder deren Verwalter (insbesondere die Verwertungsgesellschaften) ihre Monopolstellung gegenüber Nutzern missbrauchen[276].

(b) Achtes Kapitel des CDPA: Copyright Tribunal

Im achten Kapitel des CDPA sind in den Secs. 145 bis 152 der Aufbau und die Tätigkeit des Copyright Tribunal geregelt.

Das Copyright Tribunal ist zuständig, wenn es zwischen einem (potentiellen) Werknutzer und einer Verwertungsgesellschaft im Zusammenhang mit der Vergabe von Lizenzen und der Höhe der dafür anfallenden Gebühren Konflikte gibt[277]. Das Tribunal wird nicht von sich aus tätig, sondern nur nach entsprechender Anrufung[278]. Im Konfliktfall setzt sich das Copyright Tribunal mit den jeweiligen Gegebenheiten des Einzelfalls auseinan-

---

275 Vgl. Secs. 10, 12 des Statutory Instrument 2016 No. 221.

276 Bainbridge, 118.

277 Die Kompetenzen des Copyright Tribunal sind in Sec. 149, Sec. 205 B und Schedule 6 des CDPA geregelt.

278 Bainbridge, 124.

der und fällt eine der Situation aus seiner Sicht angemessene Entscheidung[279].

Für die Frage der Angemessenheit von Lizenzbedingungen sind in den Secs. 129 – 134 CDPA Kriterien genannt, die das Copyright Tribunal bei seiner Entscheidung zu berücksichtigen hat. Beispielsweise sollen bei der Beurteilung der Frage, ob eine Lizenz bzw. die Höhe der dafür anfallenden Gebühren angemessen ist, Vergleichsfälle herangezogen und sichergestellt werden, dass Lizenznehmer nicht willkürlich ungleich behandelt werden[280].

Das Copyright Tribunal hat im Hinblick auf seine Entscheidungen verschiedene Rechte. So kann es unter anderem Lizenzpläne bestätigen oder abändern[281] und darüber entscheiden, ob der Anspruch auf Erteilung einer Lizenz besteht[282]. Gegen die Entscheidungen des Copyright Tribunal kann gerichtlich beim High Court Berufung eingelegt werden[283], allerdings lediglich im Hinblick auf Rechtsfragen.

Insgesamt ist die Tätigkeit des Copyright Tribunal zum Teil mit derjenigen der oben[284] erwähnten Schiedsstelle beim DPMA vergleichbar.

III. Ergebnis zu Großbritannien

1. Die Ausnahmeregelungen des britischen Copyright Law sind im dritten Kapitel des Copyright, Designs and Patents Act (CDPA) von 1988 geregelt. Eine dem deutschen § 58 Abs. 1 UrhG in Teilen vergleichbare Regelung findet sich in Sec. 63 (1) CDPA. Danach darf ein Kunstwerk vervielfältigt und verbreitet werden, um Werbung für dessen Verkauf zu machen. Unter diesen Erlaubnistatbestand fallen auch Auktions- und andere Verkaufskataloge. Anders als in Deutschland ist die Werknutzung zur Werbung für Ausstellungen allerdings ebenso wenig privilegiert wie die Werkabbildung in einem Museumskatalog, so dass die

---

279 Vgl. www.ipo.gov.uk/ctribunal/ctribunal-about.htm; zuletzt besucht am 12. Dezember 2016.

280 Vgl. Sec. 129 CDPA.

281 Sec. 149 (a) i.V.m. Secs. 118-120 CDPA.

282 Sec. 149 (b) i.V.m. Secs. 121-122 CDPA.

283 Sec. 152 CDPA.

284 Siehe Seite 74 f.

britische Schrankenregelung insgesamt enger gefasst ist als die deutsche.

Sec. 63 CDPA hat durch die Umsetzung der Richtlinie 2001/29/EG keine wesentliche Änderung erfahren. Lediglich der Wortlaut des Sec. 63 (2) CDPA, der die Ausnahmeregelung des ersten Absatzes einschränkt, wurde im Jahr 2003 modifiziert und um die Worte *communicated to the public* ergänzt. Der Umstand, dass die nach Sec. 63 (1) CDPA zulässige Werbung nicht auf ein bestimmtes Maß begrenzt wird, ist trotz der Formulierung in Art. 5 Abs. 3 lit. j der RL 2001/29/EG, wonach Werbung in dem zur Förderung der Veranstaltung zulässigen Ausmaß zulässig ist, nicht als Verstoß gegen die Richtlinie beanstandet worden.

2. Zur Frage der Auslegung und der Grenzen des Sec. 63 (1) CDPA gibt es keine Rechtsprechung und nur wenig Literatur. Nicht zuletzt deshalb ist die Regelung umstritten. Unklar ist beispielsweise, ob der Erlaubnistatbestand des Sec. 63 (1) CDPA auch die Verbreitung über das Internet erfasst. Während die Verwertungsgesellschaft DACS die Ansicht vertritt, dass dies nicht der Fall sei, ergibt die Prüfung der Systematik des Gesetzes jedoch, dass auch die Werknutzung im Internet als von Sec. 63 (1) CDPA privilegiert anzusehen ist.
3. Obwohl es keinerlei Anhaltspunkte für eine räumliche Einschränkung der Privilegierung des Sec. 63 (1) CDPA gibt, wendet die DACS den Erlaubnistatbestand nur auf Werke in Katalogen an, die innerhalb des Vereinigten Königreichs verbreitet werden und berechnet andernfalls unter Umständen eine Lizenzgebühr.
4. Die Tätigkeit der Verwertungsgesellschaften war in Großbritannien lange Zeit nur fragmentarisch gesetzlich geregelt. Seit April 2016 ist das Statutory Instrument 2016 No. 221 in Kraft, welches der Umsetzung der Verwertungsgesellschaftenrichtlinie 2014/26/EU dient und insbesondere gesetzliche Vorgaben zum Verhältnis zwischen Verwertungsgesellschaften und ihren Mitgliedern macht. Im CDPA finden sich außerdem Regelungen im Hinblick auf das Verhältnis zwischen Verwertungsgesellschaften und Werknutzern. Dort ist auch das Copyright Tribunal geregelt, dessen Tätigkeit Parallelen zur Schiedsstelle beim DPMA aufweist.

C. Rechtslage in den Vereinigten Staaten

I. Entwicklung und Systematik des US-amerikanischen Copyright Law

Erste Bestrebungen zur Entwicklung eines Copyright in den Vereinigten Staaten stammen aus dem Jahr 1783, als zwölf der insgesamt dreizehn amerikanischen Gründungsstaaten Urheberrechtsgesetze erließen, die sich am englischen Vorbild orientierten und größtenteils auf das *Statute of Anne*[285] Bezug nahmen[286].

In die Bundesverfassung aus dem Jahre 1787[287] wurde die sogenannte *intellectual property clause* (Art. I, sec. 8 cl. 8[288]) aufgenommen, die den Kongress dazu ermächtigt, Künste und Wissenschaft[289] zu fördern, indem sie Urhebern und Erfindern für einen begrenzten Zeitraum Exklusivrechte an ihren Werken und Erfindungen einräumt. Das gesamte US-amerikanische Recht des geistigen Eigentums basiert auf dieser Bestimmung, die damit auch für die Gesetzesauslegung von grundlegender Bedeutung ist[290]. Dahinter steht die Idee, dass es letztlich dem Wohle der Allgemeinheit dient, wenn für Urheber und Erfinder ein Anreiz dazu geschaffen wird, sich geistig kreativ und produktiv zu betätigen[291]. Dieser Anreiz wird durch wirtschaftliche Vorteile geschaffen, die dem Schöpfer eines Werkes oder einer Erfindung daraus entstehen, dass ihm ein zeitlich begrenztes Monopol zur Verwertung des von ihm geschaffenen Werkes ein-

285 Siehe dazu Seite 86 f.

286 Walterscheid, 73 ff.

287 http://www.senate.gov/civics/constitution_item/constitution.htm#a1_sec8; zuletzt besucht am 12. Dezember 2016.

288 „The Congress shall have the power (...) to promote the Progress of Science and useful Arts, by securing for limited Times to Authors and Inventors the exclusive Right to their respective Writings and Discoveries."

289 Wobei der Begriff „useful arts" im damaligen Kontext das Patentrecht meinte, während „progress of science" sich auf den urheberrechtlichen Teil bezog, vgl. Dietz, Verfassungsklauseln und Urheberrecht, GRUR Int. 2006, 1, 2.

290 Förster, 11.

291 Kriendler-Nelson, The Fine Art of Reproduction: The Doctrine of Fair Use and Auction House Catalogues, Columbia-VLA Journal of Law & The Arts, Vol. 18, 1993-1994, 291, 294.

geräumt wird. Aus diesem Umstand erklärt sich die starke wirtschaftliche Ausrichtung des US-amerikanischen Copyright.

Der *intellectual property clause* aus der Verfassung folgend erließ der Kongress im Jahre 1790 den *Copyright Act*, das erste Bundesgesetz zum Schutze des Copyright[292]. Das Gesetz ist sowohl in sprachlicher als auch in inhaltlicher Hinsicht stark an das oben erwähnte britische *Statute of Anne* angelehnt[293]. Dem Schutz des Gesetzes unterfielen vor allem Pläne, Landkarten und Bücher[294]. Voraussetzung für die Begründung des Schutzes war allerdings eine Registrierung des betreffenden Werkes bei der zuständigen Behörde[295]. Der *Copyright Act* von 1790 war – mit einigen Modifikationen – bis zum Jahre 1909 in Kraft, als er durch den *1909 Copyright Act*[296] grundlegend geändert wurde.

Im Jahre 1976 fand mit dem Erlass des 1976 Copyright Act (17 U.S.C.)[297] die bisher letzte große Gesetzesreform statt. Er trat am 1. Januar 1978 in Kraft und ist seither mehrfach ergänzt worden.

Eine der wichtigsten Änderungen, die mit dem Inkrafttreten des aktuellen *Copyright Act* einherging, besteht darin, dass das Copyright an einem Werk bei dessen Übereignung nicht mehr automatisch auf den Erwerber übergeht, sondern beim Schöpfer verbleibt, sofern keine anderweitige Regelung getroffen wird. Dies gilt jedoch nicht rückwirkend: Im Hinblick auf Werke, die vor dem 1. Januar 1978 veräußert worden sind, gehen die Gerichte davon aus, dass das Copyright mit der Veräußerung auf den Erwerber übergegangen ist, sofern nicht eine anders lautende schriftliche Regelung vereinbart worden ist[298].

---

292 *An Act for the encouragement of learning by securing the copies of maps, charts, and books, to the authors and proprietors of such copies, during the times therein mentioned;* http://www.copyright.gov/history/1790act.pdf; zuletzt besucht am 12. Dezember 2016.

293 Dietz, Verfassungsklauseln und Urheberrecht, GRUR Int. 2006, 1, 3.

294 Wie bereits aus dem Titel hervorgeht: *Maps, charts and books.*

295 Vgl. Sec. 1 des Gesetzes.

296 http://www.copyright.gov/history/1909act.pdf; zuletzt besucht am 12. Dezember 2016.

297 http://www.copyright.gov/title17/; zuletzt besucht am 12. Dezember 2016.

298 Martin, Scott M., Museum Copyright Licensing Agreements and Visual Artists in: Columbia-VLA Journal of Law & The Arts, 1985-86, 421, 430.

Ein bedeutender Schritt in der Entwicklung des amerikanischen Copyright Law war schließlich der Beitritt der USA zur Berner Urheberrechtskonvention am 1. März 1989[299].

1. Common Law Copyright

Neben dem gesetzlich geregelten Copyright Law auf Bundesebene existierte in den USA in der Vergangenheit außerdem auf einzelstaatlicher Ebene ein aus dem Common Law abgeleitetes Copyright. Dem Schöpfer wurden mit der Schaffung eines Werkes automatisch bestimmte Rechte gewährt. Dazu gehörten unter anderem das Erstveröffentlichungsrecht und das Recht, illegale Vervielfältigungen des Werkes zu verhindern. Zwischen 1909 und dem Inkrafttreten des *Copyright Act* aus dem Jahre 1976 wurde einem Werk zunächst der Copyright-Schutz aus dem Common Law gewährt, bis es veröffentlicht wurde; mit seiner Veröffentlichung war das Werk dann dem gesetzlichen Schutz des *1909 Copyright Act* zugänglich.[300]

Wegen eines Spannungsverhältnisses, das sich aus den beiden konkurrierenden Systemen zuweilen ergab, ist im *Copyright Act* von 1976 der grundsätzliche Vorrang des bundesgesetzlichen Copyright ab dem 1. Januar 1978 festgelegt worden[301]. Damit wurde das Common Law Copyright größtenteils abgeschafft. Dennoch gibt es Ausnahmefälle: Für Werke, die nicht unter den Schutz des *1976 Copyright Act* fallen, besteht die Möglichkeit des Schutzes nach einzelstaatlichem Common Law fort[302]. Auch alle einzelstaatlichen Rechte, die nicht denjenigen entsprechen, die in § 106 des *1976 Copyright Act* genannt werden, bleiben unberührt[303]. Diese Regelung ermöglicht beispielsweise, dass in Kalifornien ein Folgerecht existiert (siehe dazu sogleich)[304].

---

299 Dieselhorst, Das Ende des „amoralen" Copyrights? Der Visual Rights Act der USA von 1990, GRUR Int 1992, 902, 905

300 DuBoff/King, 165.

301 Vgl. 17 U.S.C. § 301.

302 Vgl. § 301(b)(1) 17 U.S.C.

303 Vgl. § 301(b)(3) 17 U.S.C.

304 DuBoff/King, 166.

2. 1976 Copyright Act (17 U.S.C.)

Der Copyright Act von 1976 (17 U.S.C.) ist das Ergebnis eines umfangreichen, mehr als zwanzig Jahre dauernden Gesetzgebungsverfahrens[305]. Er ist in 13 Kapitel untergliedert. Im Folgenden werden einige Eckpunkte zur Struktur des Copyright Act aufgeführt.

Das erste Kapitel regelt in den §§ 101-122 den Gegenstand und die Reichweite des Copyright. In diesem Kapitel finden sich auch die wesentlichen für den Gegenstand dieser Arbeit relevanten Vorschriften.

§ 101 enthält Legaldefinitionen für Begriffe, die im Gesetzestext benutzt werden. In § 102[306] werden die Werkarten genannt, die dem Schutz des Copyright Act unterfallen. Des Weiteren wird dort festgelegt, welche Grundvoraussetzungen ein Werk erfüllen muss, um schutzfähig zu sein. Erforderlich ist dafür unter anderem, dass das betreffende Werk in körperlicher Form fixiert ist, sei es auf Papier, auf einem Ton- oder Bildträger etc. Aus diesem Grund ist beispielsweise eine Choreographie für sich genommen nicht schutzfähig, wohl aber deren Aufzeichnung auf Video oder die Ausarbeitung in Form eines Skripts. Das Erfordernis der körperlichen Fixierung bringt den auch in den USA geltenden Grundsatz zum Ausdruck, dass eine Idee als solche keinen Schutz genießt, sondern nur deren konkrete Ausgestaltung[307].

§ 106[308] zählt die Rechte auf, die dem Copyright-Inhaber exklusiv gewährt werden, unter anderem das Vervielfältigungsrecht, das Verbreitungsrecht und das Recht der öffentlichen Ausstellung. In § 106 A[309] ist der Visual Artists Rights Act (VARA) von 1990 enthalten, der bildenden Künstlern bestimmte *moral rights* gewährt, die in gewissem Umfang mit dem deutschen Urheberpersönlichkeitsrecht vergleichbar sind. Schließlich enthält § 107 mit der *Fair Use*-Doktrin die wichtigste Ausnahmevorschrift, die die in § 106 genannten Rechte des Copyright-Inhabers beschränkt. Im Hinblick auf Werke der bildenden Künste ist außerdem § 113 von Belang, der das Reproduktionsrecht für Werke der Malerei, Grafik und Skulpturen präzisiert.

---

305 Förster, 18.
306 Text siehe Anhang.
307 DuBoff/King, 172.
308 Text siehe Anhang.
309 Text siehe Anhang.

Im zweiten Kapitel des *Copyright Act* sind Inhaberschaft und Übertragbarkeit des Copyright geregelt. § 202 stellt dabei nunmehr ausdrücklich fest, dass das Copyright an einem Werk losgelöst vom Eigentum besteht.

Kapitel 4 setzt sich mit Copyright-Vermerken, der Registrierung und anderen Formalitäten auseinander.

II. Besonderheiten des US-amerikanischen Copyright Law

Im Vergleich mit deutschem Urheberrecht und britischem Copyright Law zeichnet sich das US-amerikanische Copyright Law durch zwei Besonderheiten aus. Zum einen kann die Verletzung des Copyright an einem Werk grundsätzlich nur dann klageweise geltend gemacht werden, wenn dieses vor der in Rede stehenden Verletzungshandlung registriert worden ist. Zum anderen gibt es in den Vereinigten Staaten – anders als in Deutschland und Großbritannien – kein Folgerecht auf Bundesebene. Beide Aspekte werden im Folgenden kurz dargestellt.

1. Registrierung eines Werkes beim U.S. Copyright Office

Zwar ist die Registrierung eines Werkes beim U.S. Copyright Office[310] unter dem geltenden Copyright Act keine Voraussetzung für den Schutz eines Werkes – dieser Schutz wird auch in den USA automatisch mit dessen Schaffung gewährt – allerdings ist die Registrierung im Falle einer gerichtlichen Auseinandersetzung von großer Bedeutung.

Wegen einer Verletzung des Copyright kann nämlich – mit Ausnahme der Geltendmachung der Ansprüche aus § 106 A[311] – nur dann vor einem US-amerikanischen Gericht Klage erhoben werden, wenn das jeweilige Werk vorher registriert worden ist[312].

---

310 Für ausführliche Informationen siehe die Website des U.S. Copyright Office: www.copyright.gov; zuletzt besucht am 12. Dezember 2016.

311 Siehe oben Seite 107.

312 Vgl. 17 U.S.C. § 411(a); dies gilt jedoch nur für Werke US-amerikanischer Herkunft und für Werke, die nicht aus einem Mitgliedsland der RBÜ stammen (vgl. Assmann/Bungert/Götting/Fikentscher, Handbuch des US-amerikanischen Handels-, Gesellschafts- und Wirtschaftsrechts, Band 1, 2001, 470 Rn. 219).

Darüber hinaus kann der Kläger – wiederum mit Ausnahme der Ansprüche aus § 106 A – im Verletzungsfalle den sogenannten Strafschadensersatz (statutory damages)[313] und den Ersatz seiner Anwaltskosten nur dann geltend machen, wenn das betroffene Werk innerhalb von drei Monaten nach seiner Erstveröffentlichung[314] bzw. – im Falle von unveröffentlichten Werken – vor der Verletzungshandlung beim Copyright Office registriert worden ist[315]. Ohne eine solche Registrierung hat der Geschädigte lediglich einen – regelmäßig deutlich niedrigeren – Anspruch auf Ersatz des tatsächlich eingetretenen Schadens[316].

2. Folgerecht in den USA

Im Zusammenhang mit der Verabschiedung des VARA von 1990 wurde auch über die Einführung eines Folgerechts auf Bundesebene diskutiert. Dennoch gibt es bisher keine derartige Regelung. Im Gegensatz dazu hat Kalifornien bereits im Jahre 1976 den Resale Royalties Act verabschiedet, der in § 986 des California Civil Code[317] verankert ist[318].

Die Vorschrift gesteht dem Urheber eines Werkes der bildenden Künste einen Folgerechtsanspruch in Höhe von 5 % des Weiterverkaufspreises zu, sofern der Verkäufer in Kalifornien ansässig ist oder der Verkauf in Kalifornien abgewickelt wird[319]. Dieser Anspruch besteht bis zwanzig Jahre nach dem Tod des Werkschöpfers zugunsten seines Rechtsnachfolgers fort[320].

---

313 In den USA ist es in Schadenersatzprozessen üblich, dem Geschädigten eine sehr viel höhere Summe zuzusprechen als in vergleichbaren Fällen in Deutschland. Dieser Sogenannte Strafschadensersatz soll der Abschreckung dienen und gleichzeitig den Schädiger sanktionieren.

314 Vgl. 17 U.S.C. § 412 (2).

315 Vgl. 17 U.S.C. § 412 (1).

316 Dies bezieht sich jedoch nur auf Verletzungshandlungen, die vor der Registrierung eines Werkes stattfinden. Wird das Werk später registriert, so genießt es bezüglich aller nach der Registrierung erfolgenden Verletzungshandlungen vollumfänglichen Schutz.

317 http://leginfo.legislature.ca.gov/faces/codes_displaySection.xhtml?lawCode=CIV&sectionNum=986; zuletzt besucht am 12. Dezember 2016.

318 DuBoff/King, 228.

319 Vgl. California Civil Code § 986 (a).

320 Vgl. California Civil Code § 986 (a) (7).

Auf alle außerhalb von Kalifornien stattfindenden Verkäufe findet die Regelung hingegen keine Anwendung, es sei denn, der Verkäufer hat dort seinen Geschäftssitz. Letzteres dürfte allerdings in den seltensten Fällen vorkommen. An dem besonders wichtigen Kunsthandelsstandort New York mit seinen großen Auktionshäusern Christie's und Sotheby's und den zahlreichen renommierten Galerien sind auf Weiterverkäufe somit nach US-amerikanischem Recht keine Folgerechtsabgaben zu leisten. Aufgrund dieser Tatsache hat der Standort New York gegenüber den europäischen Kunsthandelsplätzen, an denen eine Folgerechtsabgabe zu leisten ist, einen bedeutenden Wettbewerbsvorteil auf dem internationalen Kunstmarkt.

III. Fair Use i.S.d. 17 U.S.C. § 107

1. Einführung und Darstellung der vier Kriterien des 17 U.S.C. § 107

Das erste Kapitel des Copyright Act enthält nicht nur die Rechte des Copyright-Inhabers, sondern regelt auch die Ausnahmen von diesen Rechten. Die wichtigsten Ausnahmevorschriften finden sich in 17 U.S.C. §§ 107 bis 122[321].

Die §§ 108-122 beziehen sich dabei auf spezielle Ausnahmefälle, während die Generalklausel des § 107 auf eine Vielzahl unterschiedlicher Sachverhalte anwendbar ist.

Der *fair use* des § 107 ist die mit Abstand wichtigste Ausnahmevorschrift des US-amerikanischen Copyright. Diese Regelung stellt klar, dass die Nutzung eines Copyright-geschützten Werkes durch einen Dritten unter bestimmten Voraussetzungen zulässig ist und demzufolge keine Verletzungshandlung darstellt. Inwiefern es sich dabei rechtsdogmatisch um eine rechtfertigende Einwendung des Nutzers gegen eine vorliegende Rechtsverletzung handelt oder der *fair use* einer tatbestandlichen Verletzung des Copyright von vornherein entgegensteht, lässt die Regelung allerdings offen, obwohl von dieser Einordnung die Beweislastverteilung abhängt[322].

321 Im Folgenden wird auf den Zusatz 17 U.S.C. verzichtet. Sofern nicht anders bezeichnet, handelt es sich bei zitierten Vorschriften um solche des Copyright Act.

322 Assmann/Bungert/Götting/Fikentscher, Handbuch des US-amerikanischen Handels-, Gesellschafts- und Wirtschaftsrechts, Band 1, 2001, 470 Rn. 262.

Sinn und Zweck des § 107 ist es, die wirtschaftlichen Interessen des Urhebers einerseits und das Bedürfnis der Allgemeinheit nach einem möglichst weitgehenden Informations- und Ideenaustausch andererseits miteinander in Einklang zu bringen[323].

a. Historische Entwicklung

Bevor die Fair Use-Doktrin im Jahre 1976 ihren gesetzlichen Niederschlag im *Copyright Act* fand, war sie bereits seit Mitte des 19. Jahrhunderts als richterrechtliches Institut anerkannt[324]. Als erstes und grundlegendes Urteil, das die Frage nach *fair use* zum Gegenstand hatte, gilt der Fall *Folsom v. Marsh*, den das Berufungsgericht in Massachusetts im Jahre 1841 entschied. In dem Verfahren ging es um die Frage, ob der Beklagte, der eine zweibändige George-Washington-Biografie verfasst hatte, das Copyright des Klägers verletzt hat, indem er aus der vom Kläger stammenden zwölfbändigen Washington-Biografie Briefe in einem Gesamtumfang von 323 Seiten übernahm. Der verantwortliche Richter setzte sich in dem Urteil mit mehreren Entscheidungen englischer Gerichte auseinander und legte auf dieser Grundlage verschiedene Kriterien für die Beurteilung dessen fest, was – in Abgrenzung zu einer Copyright-Verletzung – als zulässig erachtet werden sollte[325]. Diese Kriterien gelten als Grundstein der Fair Use-Rechtsprechung.[326]

In der Folgezeit etablierte sich die Fair-Use-Doktrin in der Rechtsprechung, bis sie mit Inkrafttreten des 1976 *Copyright Act* am 1. Januar 1978 in § 107 gesetzlich kodifiziert wurde.

Weil aus dem Richterrecht stammende Grundsätze schließlich in Gesetzesform gegossen wurden, handelt es sich beim *fair use* des § 107 gewissermaßen um ein hybrides Rechtsinstitut aus *common law* und *statutory law* (Gesetzesrecht)[327].

---

323 Halpern et al., 117.

324 Förster, 17.

325 *„In short, we must often, in deciding questions of this sort, look to the nature and objects of the selections made, the quantity and value of the materials used, and the degree in which the use may prejudice the sale, or diminish the profits, or supersede the objects, of the original work"*, Folsom v. Marsh, 9 F. Cas. 342, 348, C.C.D. Mass. 1841.

326 Förster, 17.

327 Förster, 20.

b. Die vier Kriterien des 17 U.S.C. § 107

§ 107. Limitations on Exclusive Rights: Fair Use

Notwithstanding the provisions of sections 106 and 106A the fair use of a copyrighted work, including such use by reproduction in copies or phonorecords or by any other means specified by that section, for purposes such as criticism, comment, news reporting, teaching (including multiple copies for classroom use), scholarship, or research, is not an infringement of copyright. In determining whether the use made of a work in any particular case is a fair use the factors to be considered shall include –

(1) the purpose and character of the use, including whether such use is of a commercial nature or is for nonprofit educational purposes;
(2) the nature of the copyrighted work;
(3) the amount and substantiality of the portion used in relation to the copyrighted work as a whole; and
(4) the effect of the use upon the potential market for or value of the copyrighted work.

The fact that a work is unpublished shall not itself bar a finding of fair use if such finding is made upon consideration of all the above factors.

Bei § 107 handelt es sich um eine Generalklausel, die auf eine Vielzahl unterschiedlich gelagerter Fälle anwendbar ist. Die Regelung zählt zunächst – wie aus der Formulierung *purposes such as* hervorgeht, allerdings nicht abschließend – Fälle auf, in denen die Benutzung eines Werkes bzw. dessen Reproduktion unter bestimmten Bedingungen keine Verletzung des Copyright darstellt: Kritik, Kommentierung, Berichterstattung, Unterricht, Wissenschaft und Forschung.

Das Vorliegen eines solchen Falles ist dabei für sich genommen jedoch nicht ausreichend. Für die *fair use*-Prüfung müssen nach § 107 weitere Aspekte berücksichtigt werden, nämlich

(1) die Art und Weise der Nutzung des Ausgangswerkes sowie insbesondere die Frage, ob die Nutzung kommerzieller oder (aus-) bildungsbezogener Natur ist
(2) die Art des geschützten Werkes
(3) der Umfang und Wesensgehalt des genutzten Anteils im Verhältnis zum Gesamtwerk
(4) die Auswirkungen der Nutzung auf den potentiellen Absatzmarkt bzw. auf den Wert des genutzten Werkes.

Eine feststehende Definition für den Terminus *fair use* gibt es nicht. Der US-amerikanische Gesetzgeber hat diesen Begriff bewusst nicht definiert.

Vielmehr hat er durch die Norm lediglich einen Rahmen abgesteckt und Kriterien vorgegeben, an denen sich die Gerichte orientieren können, um in einem Zeitalter technologischer Veränderungen und Innovationen die Doktrin flexibel handhaben und individuell entscheiden zu können, ob es sich bei der Nutzung eines bestimmten Werkes um *fair use* handelt.[328]

Die vier Kriterien werden im Folgenden detailliert dargestellt.

(1) Purpose and character of the use

Das erste Kriterium stellt unter anderem darauf ab, ob der Schwerpunkt der Werknutzung primär öffentlichen, allgemeinen Interessen dient oder vorrangig kommerzieller Natur ist. Nach Sinn und Zweck der Doktrin ist eine Werknutzung, die beispielsweise vornehmlich dem Informationsinteresse der Allgemeinheit dient, eher als *fair use* zu betrachten, als die Verwertung eines Werkes in kommerzieller Absicht. Der US-Supreme Court, das höchste Gericht der Vereinigten Staaten, hat dazu in einem Urteil angemerkt, dass es in diesem Kontext jedoch nicht allein darauf ankomme, ob das Motiv für die Nutzung Gewinnerzielungsabsicht ist, sondern vielmehr darauf, ob der Nutzer von der Verwertung eines fremden Werkes profitiert, ohne den üblichen Preis dafür zu bezahlen.[329]

Daneben wird innerhalb des ersten Kriteriums erörtert, in welcher Form der Nutzer das geschützte Werk verwertet. In diesem Zusammenhang wird unter anderem danach gefragt, ob es sich um eine der in § 107 explizit genannten Nutzungsarten wie Berichterstattung, Kritik oder Kommentierung handelt bzw. ob das Werk zu Bildungs- oder Forschungszwecken genutzt wird[330].

Weiterhin wird geprüft, ob der Nutzer *in good faith* – also ohne böse Absicht[331] – handelte, oder vielmehr bewusst ein fremdes Werk kopierte, um daraus lediglich persönlichen Vorteil zu schlagen. In letzterem Fall ist

328 Kriendler-Nelson, The Fine Art of Reproduction: The Doctrine of Fair Use and Auction House Catalogues, Columbia-VLA Journal of Law & The Arts, Vol. 18, 1993-1994, 291, 305.

329 Harper & Row Publishers, Inc., v. Nation Enterprises, 471 U.S. 539, 562 (1985).

330 Förster, 28.

331 Die wortgetreue deutsche Übersetzung „in gutem Glauben“ ist hier unter juristischen Gesichtspunkten nicht ganz zutreffend.

der *fair use*-Einwand nicht einschlägig[332]. Auch wenn ein Nutzer bewusst verschweigt, dass er ein fremdes Werk aufgreift, führt dies dazu, dass *fair use* ausgeschlossen ist, selbst wenn alle sonstigen Voraussetzungen erfüllt sind[333].

Das wichtigste Element innerhalb des ersten Kriteriums ist jedoch das Ausmaß der Umgestaltung des Ausgangswerkes: Je stärker dieses durch die Nutzung transformiert wird, desto weniger wichtig sind andere Faktoren, die auf den ersten Blick gegen *fair use* sprechen könnten. Transformation bedeutet in diesem Zusammenhang, dass dem Ausgangswerk durch die Nutzung ein neuer Aspekt hinzugefügt wird, der ihm einen anderen Charakter, eine andere bzw. weitere Bedeutung oder einen anderen Ausdruck verleiht.[334] Von Bedeutung ist dabei auch die Frage, ob durch die Verwertung ein Werk von neuem intellektuellem Wert geschaffen und dadurch ein Beitrag zu Kunst oder Wissenschaft geleistet wird. Dies ist zurückzuführen auf die Zielsetzung US-amerikanischen Copyright, wonach die Kreativität zugunsten des Allgemeinwohls gefördert werden soll[335]. Obwohl die Transformation des Ausgangswerkes innerhalb des ersten Kriteriums eine besonders wichtige Rolle spielt, spricht eine fehlende Umgestaltung jedoch nicht automatisch gegen *fair use;* entscheidend sind vielmehr die Umstände des Einzelfalls[336].

(2) Nature of the copyrighted work

Innerhalb des zweiten Kriteriums wird danach unterschieden, ob es sich bei dem geschützten Werk um Fiktion bzw. eine kreative Arbeit handelt, oder um eine solche, die auf Tatsachen basiert[337]. Im letzteren Fall wird ein großzügigerer Maßstab angelegt, als bei einem fiktiven / kreativen

---

332 Rogers v. Koons, 960 F.2d 301 (2d Cir.), cert. denied, 506 U.S. 934 (1992) in: Lind et al., 81.

333 Ebenda.

334 Campbell v. Acuff-Rose Music, Inc., 510 U.S., 569, 579 (1994).

335 Keller/Cunard, § 8:4.2.

336 Sony Corp. of America v. Universal City Studios, Inc., 464 U.S. 417, 455 (1984).

337 Harper & Row Publishers, Inc., v. Nation Enterprises, 471 U.S. 539, 563 (1985); Beispiele für auf Fakten basierende Werke sind Telefonverzeichnisse und Biographien (vgl. Rogers v. Koons, 960 F.2d 301 (2d Cir.), cert. denied, 506 U.S. 934 (1992) in: Lind et al., 82-83).

Werk, welches als besonders schutzwürdig gilt. Tatsachen werden durch das Copyright nicht geschützt[338].

Neben der Unterscheidung zwischen fiktiven und auf Tatsachen basierenden Werken ist innerhalb des zweiten Kriteriums die Frage nach der Veröffentlichung des Ausgangswerkes relevant. Der Supreme Court hat festgestellt, dass die Anforderungen an *fair use* bei der Nutzung unveröffentlichter Werke besonders hoch sind, weil das Erstveröffentlichungsrecht des Autors grundsätzlich schwerer wiegt als das *fair use*-Privileg[339]. Dies bedeutet jedoch nicht, dass in Bezug auf unveröffentlichte Werke *fair use* generell ausgeschlossen ist. Um einer dahingehenden Tendenz der Rechtsprechung entgegenzuwirken, hat der Kongress § 107 im Jahre 1992 um den letzten Absatz ergänzt und darin klargestellt, dass der Umstand, dass ein Werk unveröffentlicht ist, nicht automatisch *unfair use* zur Folge hat[340].

Nach der Definition in § 101 ist das Verkaufen oder Verleihen von Vervielfältigungsexemplaren eines Werkes (einschließlich des Originals[341]) als ein Hauptfall der Veröffentlichung anzusehen, während die öffentliche Ausstellung des Werkes für sich genommen nicht zur Veröffentlichung führt[342].

(3) Amount and substantiality of the portion used in relation to the copyrighted work as a whole

Das dritte Merkmal befasst sich mit dem Ausmaß der Nutzung des Ausgangswerks. Es beinhaltet sowohl quantitative als auch qualitative Aspekte.

---

338 Kriendler-Nelson, The Fine Art of Reproduction: The Doctrine of Fair Use and Auction House Catalogues, Columbia-VLA Journal of Law & The Arts, Vol. 18, 1993-1994, 291, 308

339 Harper & Row Publishers, Inc., v. Nation Enterprises, 471 U.S. 539, 564 (1985).

340 Keller/Cunard, § 8:4.3.

341 Vgl. die Definition von "copy" in § 101.

342 Vgl. die Definition in 17 U.S.C. § 101: *„Publication" is the distribution of copies or phonorecords of a work to the public by sale or other transfer of ownership, or by rental, lease, or lending. The offering to distribute copies or phonorecords to a group of persons for purposes of further distribution, public performance, or public display, constitutes publication. A public performance or display of a work does not of itself constitute publication.*

Im Hinblick auf die Quantität wird das Ausmaß des genutzten Werkes in Relation zu dessen Gesamtgröße beurteilt – nicht in Bezug auf das neue Werk. Das bedeutet, dass selbst in den Fällen, in denen die Nutzung des geschützten Werkes nur einen kleinen Teil des neuen Werkes ausmacht, tendenziell gegen *fair use* befunden wird, wenn das Ursprungswerk dabei in signifikantem Maße verwendet wird[343]. Allerdings spielt nicht nur der mengenmäßige Umfang der Nutzung des Ausgangswerkes für die Beurteilung eine Rolle, sondern auch die Frage, ob und inwiefern hierbei dessen Wesenskern berührt bzw. aufgegriffen wird. So kann es bereits als *unfair* beurteilt werden, wenn nur ein kleiner Teil des Ausgangswerks genutzt wird, nämlich dann, wenn es sich dabei um das „qualitative Herz" eines Werkes handelt[344]. Denn auch wenn nur ein kleiner Teil eines fremden Werkes aufgegriffen wird, kann es sich dabei gerade um denjenigen Aspekt handeln, der den Charakter des Ausgangswerkes ausmacht.

Umgekehrt kann in Ausnahmefällen die Übernahme großer Teile zulässig sein, auch wenn die Nutzung des Ausgangswerkes in einem erheblichen Ausmaß grundsätzlich zur Folge hat, dass *fair use* ausgeschlossen ist[345]: Einen Sonderfall stellen beispielsweise Parodien dar. Diese sind meist auch dann zulässig, wenn das Ausgangswerk nahezu komplett aufgegriffen wird. Von den Gerichten wird dies damit begründet, dass die Übernahme großer Teile des parodierten Werkes notwendig sei, damit die Parallelen zum Ausgangswerk erkennbar werden[346], denn nur dann erfülle eine Parodie ihren Zweck. In bestimmten Einzelfällen kann – auch wenn es sich bei der Nutzung nicht um eine parodistische handelt – sogar die Übernahme des kompletten Ausgangswerkes zulässig sein[347].

Innerhalb des dritten *fair use*-Kriteriums ist somit nicht in erster Linie die mengenmäßige Nutzung entscheidend, sondern vor allem die Frage, ob und inwieweit die Substanz, der Wesenskern des geschützten Werkes dadurch berührt werden[348]. Quantität und Qualität der Nutzung können so-

343 Keller/Cunard, § 8:4.4.

344 Harper & Row Publishers, Inc., v. Nation Enterprises, 471 U.S. 539, 562 (1985).

345 Sony Corp. of America v. Universal City Studios, Inc., 464 U.S. 417, 449-450 (1984).

346 Förster, 63.

347 Zu Computerprogrammen: Sega Enterprises Ltd. v. Accolade, Inc., 977 F.2d 1510, 1526 f. (U.S. Court of Appeals, Ninth Circuit, 1992).

348 Kriendler-Nelson, The Fine Art of Reproduction: The Doctrine of Fair Use and Auction House Catalogues, Columbia-VLA Journal of Law & The Arts, Vol. 18, 1993-1994, 291, 308

mit nicht losgelöst voneinander betrachtet werden, sondern müssen gegeneinander abgewogen werden.

(4) Effect of the use upon the potential market or value

Innerhalb des vierten Kriteriums werden die Auswirkungen der Nutzung des Ausgangswerkes auf dessen Marktwert betrachtet. Dieser Faktor wird als wichtigstes Merkmal bei der Beurteilung von *fair use* angesehen[349]. Untersucht werden hier sowohl die Auswirkungen auf den bereits existierenden als auch auf den potentiellen Markt für das Ausgangswerk sowie für dessen mögliche Derivate. Das Hauptaugenmerk wird dabei auf die Frage gelegt, ob das durch die Nutzung geschaffene neue Werk das Ausgangswerk auf dem Absatzmarkt ersetzen bzw. verdrängen kann.[350]

In diesem Zusammenhang findet eine Interessenabwägung statt: Der Vorteil des Copyright-Inhabers für den Fall, dass die Nutzung als „unfair" beurteilt wird, wird dem Vorteil gegenübergestellt, den die Allgemeinheit hätte, wenn die Nutzung als „fair" bewertet würde. Je weniger Nachteile sich außerdem durch die Werknutzung für den Copyright-Inhaber ergeben, desto weniger Vorteile muss diese Nutzung der Allgemeinheit bringen. Eine Ausnahme wird jedoch für den Fall gemacht, dass die Werknutzung primär kommerzielle Interessen verfolgt: Unter diesen Umständen wird zu Lasten desjenigen, der den *fair use*-Einwand geltend macht, von einer gewissen Wahrscheinlichkeit dafür ausgegangen, dass in der Zukunft Nachteile für den Copyright-Inhaber zu erwarten sind.[351]

Einen Sonderfall innerhalb des vierten Kriteriums stellt die Berichterstattung über ein Werk dar: Obwohl negative Kritik zwar verheerende Konsequenzen für den Marktwert eines Werkes haben kann, spricht dies nicht gegen *fair use*; vielmehr müssen diese Folgen im Hinblick auf die vom Ersten Verfassungszusatz geschützte Meinungsfreiheit vom Copyright-Inhaber hingenommen werden. Vor den möglichen Folgen schlechter Beurteilungen schützt das Copyright eben nicht.[352] Die Nachteile, die sich aus negativer Kritik ergeben können, resultieren nämlich nicht aus der

---

349 Harper & Row Publishers, Inc., v. Nation Enterprises, 471 U.S. 539, 566 (1985).

350 Halpern et al., 128-129.

351 Rogers v. Koons, 960 F.2d 301 (2d Cir.), cert. denied, 506 U.S. 934 (1992) in: Lind et al., 84.

352 Campbell v. Acuff-Rose Music, Inc., 510 U.S., 569, 591-592 (1994).

Verdrängung des Ausgangswerkes aus dem Markt, sondern aus dessen möglicherweise sinkender Nachfrage[353]. Diese Besonderheit stellt einen Unterschied zu den üblicherweise am vierten *fair use*-Kriterium scheiternden Fällen dar, in denen die Nutzung des Ausgangswerkes dazu führt, dass dieses aus dem Markt verdrängt wird.

c. Zusammenwirken der fair use-Kriterien

Im Anschluss an die Analyse der einzelnen *fair use*-Kriterien ist der Rechtsprechung zufolge eine abschließende Gesamtbetrachtung angezeigt. Der Supreme Court hat festgestellt, dass die Frage, ob die Nutzung eines Werkes als *fair* erachtet werden kann, stets durch eine Abwägung aller vier Kriterien gegeneinander vor dem Hintergrund von Sinn und Zweck des Copyright beurteilt werden müsse[354]. Anhand eines einzelnen Faktors kann eine derartige Entscheidung demnach nicht getroffen werden. Innerhalb der Gesamtschau werden die Ergebnisse der vier Prüfungspunkte auch vor dem Hintergrund von Sinn und Zweck des Copyright Law betrachtet.

d. Keine Nutzungsmöglichkeit entgegen fair use

Sofern die Analyse der Kriterien des § 107 ergibt, dass die Nutzung nicht als *fair use* eingestuft werden kann, ist sie – sofern keine Lizenz vorliegt – generell unzulässig. Die Möglichkeit, das Werk gegen eine finanzielle Entschädigung dennoch legal nutzen zu können, ist nicht vorgesehen. Dies geht bereits aus dem Wortlaut des § 107 hervor, in dem eine entsprechende Passage fehlt[355].

2. Fair use – Fälle des Supreme Court

Die Interpretation des § 107 ist geprägt durch mehrere bedeutende Fälle, in denen sich der Supreme Court mit den Anforderungen an einen *fair use*

---

353 Halpern et al., 128-129.
354 Vgl. Campbell v. Acuff-Rose Music, Inc., 510 U.S., 569, 578 (1994).
355 Förster, 34.

auseinandergesetzt und dabei wesentliche Auslegungsgrundsätze entwickelt hat. Diese Fälle werden im Folgenden skizziert.

a. Sony Corp. of America v. Universal City Studios, Inc.[356]

Mit der *fair use doctrine* des § 107 beschäftigte sich der Supreme Court erstmals im Jahre 1984 in der Entscheidung *Sony Corp. of America v. Universal City Studios, Inc.*[357].

In dem Fall klagten die Universal Studios in ihrer Eigenschaft als Filmproduzent gegen die Sony Corporation als Herstellerin von Videorekordern. Gegenstand des Rechtsstreits war die Frage, ob das Video-Aufzeichnen von Copyright-geschützten Spielfilmen, die im Fernsehen ausgestrahlt wurden, eine Verletzungshandlung darstellt und Sony als die Herstellerin von Videorekordern dafür mitverantwortlich gemacht werden konnte, oder ob es sich beim Aufzeichnen um *fair use* handelt.

Der Supreme Court entschied mit fünf zu vier Stimmen für die Beklagte Sony und damit für *fair use*. Diese Entscheidung wurde vor allem darauf gestützt, dass es sich bei dem gewöhnlichen Aufzeichnen von Fernsehfilmen um eine private, nichtkommerzielle Tätigkeit handele und das Aufzeichnen lediglich den zeitverschobenen Konsum von (Film-)Werken ermögliche, welche zuvor im Fernsehen ausgestrahlt wurden[358].

b. Harper & Row, Publishers, Inc. v. National Enterprises[359]

In dem Fall aus dem Jahre 1985 hatte eine Zeitschrift Auszüge aus den zum damaligen Zeitpunkt noch unveröffentlichten Memoiren des ehemaligen US-Präsidenten Gerald Ford abgedruckt.

Dabei hatten Harper & Row, der Verlag, bei dem die Memoiren erscheinen sollten, einen Exklusivvertrag mit dem *TIME Magazine* geschlossen, der diesem die Wiedergabe von Auszügen aus dem Buch gestattete. Jedoch veröffentlichte auch das *Nation Magazine* Auszüge – ohne entspre-

---

356 Sony Corporation of America v. Universal City Studios, Inc., 464 U.S. 417 (1984).

357 Halpern et al., 117.

358 Halpern et al., 121.

359 Harper & Row Publishers, Inc., v. Nation Enterprises, 471 U.S. 539 (1985).

chende Erlaubnis. Von dem Manuskript, das 200.000 Worte umfasste, wurden in diesem Auszug zwar lediglich 300 Worte veröffentlicht, dennoch entschied der Supreme Court mit sechs zu drei Stimmen für den Verlag Harper & Row als Klägerin und gegen *fair use*. Nach Ansicht des Gerichts handelte es sich bei den abgedruckten 300 Worten gerade um das oben[360] angesprochene „qualitative Herz" des Werkes, nämlich um die Begnadigung von Richard Nixon nach der Watergate-Affäre[361].

Die Entscheidung wurde außerdem damit begründet, dass das öffentliche Interesse an dem Thema hier hinter demjenigen des Autors zurückstehen müsse, da dieser selbst darüber entscheiden solle, wann sein Werk (bzw. Auszüge davon) veröffentlicht und verbreitet wird[362].

c. Campbell v. Acuff-Rose Music, Inc.[363]

In dieser aus dem Jahre 1994 datierenden Entscheidung setzte sich der Supreme Court mit der Nutzung des Roy-Orbison-Songs *Oh Pretty Woman* durch die Rap-Band 2 Live Crew auseinander.

Zwar hatte die Band vor der Nutzung beim Acuff-Rose Verlag, der die Rechte an dem Song hält, angefragt und um eine Lizenz für die parodistische Nutzung der Melodie ersucht. Der Verlag weigerte sich jedoch, diese Lizenz zu erteilen. Ungeachtet dessen verwandte 2 Live Crew die Melodie und veröffentlichte eine eigene Version unter dem Titel *Pretty Woman.* Daraufhin wurde die Band vom Acuff-Rose Verlag wegen Verletzung des Copyright am Ausgangswerk verklagt.

Obwohl hier eine kommerzielle Nutzung vorlag, befand der Supreme Court, dass die Nutzung als Parodie die Voraussetzungen des *fair use* erfülle, weil der Absatzmarkt des Originals durch die Rap-Version nicht beeinträchtigt sei[364].

---

360 Seite 116.
361 Harper & Row Publishers, Inc., v. Nation Enterprises, 471 U.S. 539, 562 (1985).
362 Harper & Row Publishers, Inc., v. Nation Enterprises, 471 U.S. 539, 554 (1985).
363 Campbell v. Acuff-Rose Music, Inc., 510 U.S., 569 (1994).
364 Campbell v. Acuff-Rose Music, Inc., 510 U.S., 569 (1994).

d. U.S. Court of Appeals for the Second Circuit: Rogers v. Koons[365]

Eine weitere wichtige Entscheidung im Zusammenhang mit *fair use*, die zwar nicht vom Supreme Court stammt, aber dennoch erwähnenswert ist, ist Rogers v. Koons. Der Fall wurde 1992 vom US Court of Appeals entschieden.

Der kalifornische Fotograf Art Rogers hatte den New Yorker Künstler Jeff Koons und dessen Galerie verklagt, weil Koons sich einer Fotografie des Klägers aus dem Jahre 1980 als Vorlage für eine Skulptur bedient hatte. Diese Fotografie wurde in den USA als Postkarte vertrieben. Abgebildet ist ein auf einer Bank sitzendes Ehepaar mittleren Alters, das stolz seine acht auf dem Schoß sitzenden Schäferhundwelpen präsentiert. Titel des Werkes ist „Puppies“. Jeff Koons nannte seine 1988 nach dieser Vorlage entstandene Skulptur, die sich so offensichtlich an der Vorlage orientierte, dass es für jeden Laien erkennbar war, „String of Puppies“. Zwar räumte Koons ein, diese Szene bewusst kopiert zu haben, er berief sich aber auf *fair use* in Form der Parodie. Koons meinte, durch seine Skulptur Kritik an dem durch die Massenproduktion von Waren und Medien hervorgerufenen Verfall der Gesellschaft – an der Konsumgesellschaft – zu üben.

Das Gericht teilte diese Ansicht nicht und wies darauf hin, dass Koons sich in seiner Arbeit nicht kritisch mit der Fotografie von Rogers auseinandersetze, sondern sie lediglich abbilde und es somit an einem parodistischen Bezug zu Rogers' Werk fehle. Für eine parodistische Nutzung im Sinne des *fair use* sei es nämlich erforderlich, dass das Ausgangswerk selbst in irgendeiner Form kommentiert und nicht lediglich wiedergegeben werde.[366]

3. Werkabbildungen in Museumskatalogen, Auktionskatalogen und im Rahmen sonstiger Werbemaßnahmen im Lichte von 17 U.S.C § 107

Zu der Frage, inwiefern die Werknutzung in Auktions- und Verkaufskatalogen sowie für andere Werbemaßnahmen im Sinne des § 58 Abs. 1 UrhG bzw. für Museumskataloge im Sinne § 58 Abs. 2 UrhG von § 107 des Copyright Act erfasst wird, gibt es keine Rechtsprechung. Im Folgenden wird

---

365 960 F.2d 301 (2d Cir. 1992).

366 Lind et al., 81 ff.

daher geprüft, ob es sich dabei um *fair use* handelt und eine entsprechende Nutzung zulässig ist.

a. Abbildung von Werken in Museumskatalogen – Fair Use im Sinne des 17 U.S.C. § 107?

Bei der Wiedergabe von Werken in Museumskatalogen handelt es sich, wie oben gesehen, nicht um Werbemaßnahmen im Sinne des § 58 Abs. 1 UrhG[367]. Vielmehr werden diese Kataloge als Verzeichnisse von § 58 Abs. 2 UrhG privilegiert. Auch wenn § 58 Abs. 2 UrhG vom Gegenstand dieser Arbeit nur am Rande berührt wird, soll angesichts ihrer Praxisrelevanz hier zunächst die Frage erörtert werden, ob die Werknutzung in Museumskatalogen auch nach US-amerikanischem Recht ausnahmsweise zulässig ist.

Unter Museumskatalogen werden im Folgenden alle Kataloge verstanden, die der Erläuterung einer temporären oder einer Dauerausstellung in einem öffentlich zugänglichen Museum dienen[368].

Damit die Wiedergabe Copyright-geschützter Werke in derartigen Katalogen ohne entsprechende Lizenz ausnahmsweise zulässig ist, müssten die Voraussetzungen des § 107 erfüllt sein.

(1) Erstes Kriterium: Purpose and character of the use

Das erste Kriterium beschäftigt sich mit der Art der Nutzung des geschützten Werkes.

---

367 Siehe Seite 38 f.

368 Ausgenommen von der Prüfung sind großformatige Kunstbildbände, die häufig ausstellungsbegleitend im Museumsshop oder über den Buchhandel vertrieben werden; diese Bildbände werden auch von § 58 Abs. 2 UrhG nicht erfasst, weil bei ihnen nicht die Erläuterung einer Ausstellung, sondern der Kunstgenuss im Vordergrund steht; siehe dazu auch Seite 39.

(a) Nutzungsart

Zunächst stellt sich die Frage, ob die Abbildung eines Werkes in einem Museumskatalog bereits als eine der in § 107 explizit aufgezählten Nutzungsarten eingestuft werden kann. Als mögliche Nutzungsarten kommen hier insbesondere *criticism* (Kritik) und *comment* (Erläuterung; Anmerkung) in Betracht.

Die Ausstellung von Kunstwerken in einem Museum dient dazu, die Besucher mit dem Schaffen des Künstlers vertraut zu machen und dessen Werke unmittelbar betrachten zu können. Zu diesem Zwecke werden Informationen über das Leben und das Wirken des Künstlers vermittelt und die ausgestellten Werke (oder zumindest ein Teil davon) erläutert. Dies geschieht nicht nur auf Informationstafeln innerhalb der Ausstellung und in Form von gesprochenen Texten auf Audio-Guides, sondern gerade auch durch bebilderte Texte im Rahmen eines ausstellungsbegleitenden Katalogs. Erfahrungsgemäß findet man die kritische Bewertung eines Werkes im Rahmen eines Museumskatalogs allerdings eher selten, so dass zweifelhaft ist, ob sie als *criticism* im Sinne von § 107 angesehen werden können. Jedenfalls handelt es sich bei der Wiedergabe von Kunstwerken, die in einer Ausstellung gezeigt und parallel in einem erläutern den Katalog abgebildet werden, aber um *comment* und damit um einen der in 17 U.S.C. § 107 aufgezählten Beispielsfälle.

(b) Kommerzielle Nutzung

Außerdem beschäftigt sich das erste Kriterium mit der Frage, ob die Nutzung des Werkes primär zu kommerziellen Zwecken erfolgt oder zugunsten der Allgemeinheit. Die Wiedergabe eines Werkes in einem Museumskatalog dient dazu, die betreffende Ausstellung zu erläutern und bedient damit das Interesse der Allgemeinheit an Kunst und Kultur. Zwar werden die Kataloge nicht kostenlos abgegeben, sondern verkauft, aber es handelt sich dabei nicht um eine kommerzielle Nutzung im Sinne des ersten Kriteriums des § 107. Museumskataloge dienen – in Abgrenzung zu großformatigen Kunstbildbänden – nicht als Einnahmequelle für Museen. Der Umstand, für den Erwerb eine Gebühr entrichtet werden muss, resultiert aus den Kosten für die Herstellung der Kataloge.

(c) Transformation

Auf den ersten Blick gegen *fair use* sprechen könnte der Umstand, dass das jeweilige in einem Museumskatalog wiedergegebene Werk nicht transformiert, sondern (wenn auch in der Regel stark verkleinert) im Wortsinne kopiert wird. Eine solche Kopie ist allerdings zum Zwecke der Erläuterung einer Ausstellung zwingend erforderlich. Nur durch die unveränderte Wiedergabe eines Werkes kann dieses erläutert werden. Insofern wirkt sich die fehlende Transformation hier nicht nachteilig auf die Bewertung aus.

Insgesamt spricht die Analyse des ersten Kriteriums für *fair use.*

(2) Zweites Kriterium: Nature of the copyrighted work

Die in einer Museumsausstellung bzw. im begleitenden Katalog gezeigten Kunstwerke sind grundsätzlich rein fiktiver bzw. kreativer Art, so dass sie nach dem zweiten Kriterium des § 107 im Vergleich zu auf Tatsachen basierenden Werken als besonders schutzwürdig gelten. Dieser Aspekt spielt hier allerdings insofern keine Rolle, als sich ein Museumskatalog eben gerade dadurch auszeichnet, dass er derartige Kunstwerke erläutert und die Werknutzung zu diesem Zweck erfolgt. Insofern steht der Umstand, dass die betreffenden Werke kreativer Natur sind, einem *fair use* nicht im Wege.

Von größerer Bedeutung ist innerhalb des zweiten Kriteriums jedoch die Frage, ob das betreffende Werk veröffentlicht ist. Auch wenn der letzte Absatz des § 107 klarstellt, dass *fair use* in Bezug auf unveröffentlichte Werke nicht per se ausgeschlossen ist, sind die Anforderungen im Falle eines unveröffentlichten Werkes höher, als wenn dieses veröffentlicht wäre.

Nach der Definition des Begriffs „publication" in § 101 führen der Verkauf oder der Verleih von Vervielfältigungsexemplaren bzw. des Originalwerkes zur Veröffentlichung, so dass davon auszugehen ist, dass die in einem Museum gezeigten Bilder veröffentlicht sind. Zwar hat die Tatsache, dass ein Werk öffentlich ausgestellt wird, ihrerseits nicht automatisch dessen Veröffentlichung zur Folge[369], jedoch befindet es sich im Falle von Museumsausstellungen entweder im Eigentum des Museums (dann ist es

369 Siehe dazu Seite 115.

verkauft und damit veröffentlicht worden), im Eigentum eines Dritten (dann ist es ebenfalls verkauft und damit veröffentlicht worden) oder noch im Eigentum des Urhebers, der das Werk an das Museum ausgeliehen hat. Ein solcher Verleih gilt nach § 101 ebenfalls als Veröffentlichung.

Insofern sprechen auch die Erfordernisse des zweiten Kriteriums für *fair use*.

(3) Drittes Kriterium: Amount and substantiality of the portion used in relation to the copyrighted work as a whole

Auch die Auseinandersetzung mit dem dritten Merkmal, das das Maß der Nutzung das Ausgangswerk zum Gegenstand hat, spricht für *fair use*.

In der Regel wird ein Werk in einem Katalog zwar komplett gezeigt, so dass es nicht nur in Teilen, sondern als Ganzes genutzt wird. Während diese Tatsache grundsätzlich darauf hindeutet, dass ein derartiges Ausmaß der Nutzung eher als *unfair* zu bewerten ist, so wird dies hier durch verschiedene Umstände relativiert.

Zunächst muss berücksichtigt werden, dass die Größe der Abbildungen in einem Katalog eine entscheidende Rolle spielt. Selbst wenn ein Kunstwerk insgesamt wiedergegeben wird, so handelt es sich bei der Abbildung regelmäßig um eine starke Verkleinerung des Originals. Dies ist bereits durch das Katalogformat bedingt.

Darüber hinaus kann durch eine solche Wiedergabe auch nicht der oben[370] erwähnte Wesensgehalt, das „qualitative Herz" des betreffenden Werkes berührt werden. Bei einem Kunstwerk, gleich, ob es sich dabei um ein Ölbild, eine Grafik, eine Skulptur oder eine andere Werkart handelt, geht es nicht in erster Linie darum, zu sehen, wer oder was in diesem Werk dargestellt wird. Die bloße Abbildung als solche ist nicht das, was ein Kunstwerk ausmacht. Vielmehr setzten sich dessen Eindruck und Wirkung aus dem Zusammenspiel unterschiedlicher Aspekte wie Farbe, Material, Pinselduktus und (Original-) Größe zusammen. Insofern ist die bloße Abbildung eines Werkes in einem Katalog nicht vergleichbar mit dem unmittelbaren Werkgenuss.

370 Siehe Seite 116.

(4) Viertes Kriterium: Effect of the use upon the potential market or value

Schließlich spricht auch die Erörterung des vierten Merkmals für *fair use.*

Innerhalb der Prüfung dieses Merkmals werden die Auswirkungen der Nutzung auf den Marktwert und die Nachfrage des Ausgangswerks und dessen mögliche Derivate beleuchtet. Die Katalogabbildung eines Werkes ist nicht austauschbar mit dem Original, so dass dieses nicht vom Markt verdrängt oder dessen Nachfrage beeinträchtigt werden kann. Vielmehr erhöht die Abbildung eines bestimmten Werkes in einem Museumskatalog die Reputation des Künstlers und den Marktwert seines Werkes, weil diese davon zeugt, dass ihm eine besondere Bedeutung beigemessen wird.

Auch im Hinblick auf mögliche Derivate werden die wirtschaftlichen Interessen des Künstlers nicht beeinträchtigt. Denkbar ist in diesem Zusammenhang beispielsweise die Vervielfältigung des betreffenden Werkes auf Drucken, Postkarten oder Souvenirartikeln. All diese Produkte können nicht durch die Wiedergabe des Werkes in einem Museumskatalog ersetzt werden. Selbst ein Bildband, der in seiner Beschaffenheit dem Museumskatalog am nächsten kommt, ist nicht mit diesem austauschbar. Der grundlegende Unterschied besteht darin, dass bei einem Bildband der Kunstgenuss im Vordergrund steht. Das bedeutet, dass die darin abgebildeten Werke in besonders hoher Qualität, in großem Format und farblich möglichst nah am Original wiedergegeben werden. Diese Voraussetzungen erfüllt ein rein erläuternder Museumskatalog gerade nicht, so dass durch ihn auch der Markt für Bildbände nicht tangiert wird.

(5) Gesamtbetrachtung und Ergebnis

Die Prüfung der einzelnen Kriterien spricht sämtlich dafür, dass die Vervielfältigung Copyright-geschützter Werke in Museumskatalogen einen *fair use* darstellt. Dieses Ergebnis steht auch im Einklang mit der hinter dem Copyright Law stehenden Idee, Künste und Wissenschaft zum Wohle der Allgemeinheit zu fördern[371]. Denn von der Möglichkeit, Museumsausstellungen durch die Herausgabe begleitender Kataloge anschaulicher und informativer zu gestalten, profitieren die Ausstellungsbesucher als Teil der Allgemeinheit.

371 Siehe Seite 104.

Die Wiedergabe eines geschützten Werkes in einem Museumskatalog stellt mithin nach US-amerikanischem Recht keine Rechtsverletzung dar und ist zulässig.

b. Abbildung von Werken in Auktionskatalogen[372] – Fair Use im Sinne des 17 U.S.C. § 107?

Nunmehr stellt sich die Frage, ob auch die Vervielfältigung geschützter Werke in Auktionskatalogen nach US-amerikanischem Recht zulässig ist.

Auktionskataloge dienen einem anderen Zweck als Museumskataloge. Üblicherweise werden die in einer Kunstauktion angebotenen Werke einige Zeit vor der eigentlichen Veranstaltung in den Auktionshäusern ausgestellt, damit sie von den potentiellen Käufern besichtigt werden können. Für den Erwerb von Kunstgegenständen auf einer Auktion ist es aber nicht erforderlich, dass ein Bieter persönlich anwesend ist. Per Telefon oder über das Internet bieten häufig andernorts oder gar im Ausland ansässige Interessenten mit, die für eine Vorbesichtigung nicht anreisen. Damit auch diese Personen die Möglichkeit haben, sich einen Überblick über das Angebot zu verschaffen und die zum Verkauf stehenden Werke einschätzen zu können, ist eine Kunstauktion ohne entsprechenden Katalog, in dem die angebotenen Werke abgebildet und beschrieben werden, daher praktisch undenkbar.

Im Unterschied zu Museumskatalogen können Auktionskataloge keiner der in 17 U.S.C. § 107 aufgezählten Nutzungsarten[373] zugeordnet werden. Da diese Aufzählung jedoch nur beispielhaft und nicht abschließend ist[374], können aus dieser Tatsache allein keine Rückschlüsse für die Frage nach der Zulässigkeit gezogen werden. Vielmehr ist es ausreichend, um der *fair use*-Prüfung standzuhalten, wenn die vier Kriterien des § 107 erfüllt sind.

---

372 Im Folgenden ist zwar nur von Auktionskatalogen die Rede, jedoch gelten die Ausführungen gleichermaßen für andere Verkaufskataloge.

373 Dies sind criticism; comment; news reporting; teaching; scholarship; research.

374 Siehe dazu Seite 112 f.

(1) Erstes Kriterium: Purpose and character of the use

Zunächst stellt sich die Frage nach der Art und Weise, in der die betreffenden Werke genutzt werden.

(a) Kommerzielle Nutzung

Indem in Auktionskatalogen zum Verkauf stehende Objekte abgebildet und beschrieben werden, dient diese Art der Nutzung – anders als in Museumskatalogen – zumindest indirekt kommerziellen Zwecken, selbst wenn die Kataloge unentgeltlich abgegeben werden.

Bezüglich des kommerziellen Charakters eines Auktionskataloges ist allerdings zu berücksichtigen, dass dieser aus der Natur der Auktion resultiert. Bei einer Auktion handelt es sich um eine Form des Verkaufs, also um kommerzielles Handeln schlechthin. Die Möglichkeit, ein Werk derart weiterveräußern zu können, ist ein wesentliches Merkmal des Eigentums. Im Hinblick auf die Befugnisse seines Eigentümers nimmt ein Kunstwerk gegenüber anderen Objekten zwar eine Sonderstellung ein wegen der Rechte des Urhebers, die ja gerade losgelöst vom Eigentum bestehen. So resultiert aus dem Werkeigentum gerade kein umfassendes Nutzungsrecht in Gestalt einer Abbildung des Werkes zu kommerziellen Zwecken. Es muss dem Eigentümer jedoch trotzdem möglich sein, von seinen Eigentumsrechten insoweit Gebrauch machen zu können, dass er das Werk ohne Umstände weiterveräußern kann. Da sich ein Kunstwerk in erster Linie durch seine optische Erscheinung auszeichnet, ist dessen Abbildung im Rahmen eines Werkverkaufs von essentieller Bedeutung für diejenigen potentiellen Erwerber, die es nicht persönlich in Augenschein nehmen können. Sofern das Werk nicht im Rahmen eines Auktionskatalogs wiedergegeben werden dürfte, wäre der Kreis der möglichen Erwerber stark eingeschränkt, was sich für den Eigentümer nachteilig auswirken würde.

Darüber hinaus ist zu berücksichtigen, dass die Reproduktion des Werkes –wie sie beispielsweise auf Postern oder Souvenirartikeln denkbar ist – hier nicht direkt zu kommerziellen Zwecken erfolgt, sondern dessen Wiedergabe in einem Auktionskatalog lediglich dazu dient, die Veräußerung des Werkes zu ermöglichen. Der Verkäufer bereichert sich dabei nicht, indem er dem Werkschöpfer eine Vergütung für die Nutzung des Werkes vorenthält, sondern er macht lediglich dergestalt von seinem Eigentumsrecht Gebrauch, dass er das Werk zum Zwecke der Veräußerung abbildet.

All dies deutet darauf hin, dass der kommerzielle Charakter der Wiedergabe eines Copyright-geschützten Werkes in einem Auktionskatalog sich mit dem *fair use*-Gedanken im Einklang befindet.

Im Unterschied zu Deutschland, wo der Urheber nach § 26 Abs. 1 UrhG einen Beteiligungsanspruch hat, partizipiert er in den Vereinigten Staaten (mit Ausnahme von Kalifornien[375]) aufgrund des fehlenden Folgerechts allerdings nicht an der Weiterveräußerung des Werkes. Insofern erscheint die Möglichkeit, ihn wenigstens durch eine Gebühr für die Abbildung des Werkes im Katalog zu beteiligen, auf den ersten Blick als gangbarer Weg, zumindest einen gewissen Ausgleich für das fehlende Folgerecht zu schaffen.

Andererseits muss berücksichtigt werden, dass der amerikanische Gesetzgeber es bisher nicht für nötig erachtet hat, eine dem Folgerecht vergleichbare Regelung zu schaffen – dies scheint also gerade nicht gewollt zu sein. Dies mag aus deutscher bzw. europäischer Perspektive unbillig gegenüber dem Urheber erscheinen, jedoch ist dieser Umstand für die Auslegung US-amerikanischer Gesetze nicht relevant. Die Abwägung, ob die Abbildung eines Kunstwerkes in einem Auktionskatalog die Kriterien des § 107 erfüllt, muss ohne den Impetus vonstattengehen, den Schöpfer für das fehlende Folgerecht kompensieren zu wollen. Insofern spielt diese Erwägung für die hiesige Prüfung keine Rolle, so dass die Untersuchung des ersten Kriteriums für *fair use* spricht.

(b) Transformation

Wie beim Museumskatalog wird das Ausgangswerk in einem Auktionskatalog nicht umgestaltet, sondern als Kopie wiedergegeben. Eine Transformation findet also nicht statt. Diese beiden Faktoren, die innerhalb des ersten Kriteriums tendenziell gegen *fair use* sprechen, haben jedoch nicht automatisch zur Folge, dass die Nutzung als unfair betrachtet wird. Vielmehr müssen die Gesamtumstände berücksichtigt werden.

Hinsichtlich der fehlenden Transformation gilt das bereits zu den Museumskatalogen Gesagte: Kataloge erfüllen nur dann ihren Zweck, wenn sie

---

375 Siehe Seite 109 f.

die darin enthaltenen Objekte originalgetreu abbilden. Insofern wirkt sich diese Tatsache nicht negativ aus.

Folglich spricht die Wiedergabe eines Werkes in einem Auktionskatalog im Rahmen des ersten Kriteriums für *fair use.*

(2) Zweites Kriterium: Nature of the copyrighted work

Für das zweite Kriterium des § 107, die Natur des Ausgangswerkes, ergeben sich im Hinblick auf Auktionskataloge keine Unterschiede zu Museumskatalogen.

Zwar sind die in einem Auktionskatalog gezeigten Arbeiten gegenüber auf Tatsachen basierenden Werken besonders schutzwürdig. Da Kunstwerken die kreative bzw. fiktive Natur jedoch inhärent ist, steht dies einem *fair use* nicht im Wege.

Die Problematik, ob das betreffende Werk bereits veröffentlicht wurde, stellt sich in diesem Zusammenhang nicht, da es sich bei Auktionsverkäufen in der Regel nicht um Erstverkäufe, sondern um Weiterveräußerungen handelt und die betreffenden Werke damit nach § 101 als veröffentlicht gelten[376]. Sollte es sich ausnahmsweise um einen Erstverkauf handeln, so ist dies ebenfalls unproblematisch, da in einem solchen Fall der Schöpfer selbst (oder dessen Erbe) über das betreffende Werk disponiert.

(3) Drittes Kriterium: Amount and substantiality of the portion used in relation to the copyrighted work as a whole

Auch hinsichtlich des dritten Kriteriums, das sich mit dem Ausmaß der Nutzung des Ausgangswerkes beschäftigt, bestehen keine Unterschiede zu Museumskatalogen. Es liegt in der Natur der Sache, dass das jeweilige Werk in toto abgebildet wird, wenn auch in stark verkleinerter Form.

---

376 Siehe dazu Seite 115.

(4) Viertes Kriterium: Effect of the use upon the potential market or value

Schließlich kann bezüglich des vierten *fair use*-Kriteriums, der Frage, ob und inwiefern das Ausgangswerk oder mögliche Derivate durch die Nutzung vom Markt verdrängt werden, ebenfalls auf die Ausführungen zu Museumskatalogen verwiesen werden. Durch die Wiedergabe eines Werkes in einem Auktionskatalog ist nicht zu befürchten, dass die wirtschaftliche Verwertung des Ausgangswerkes beeinträchtigt wird.

(5) Gesamtbetrachtung und Ergebnis

Auch in der Gesamtbetrachtung sämtlicher Faktoren des § 107 ergeben sich keine Anhaltspunkte dafür, dass die Abbildung eines Copyright-geschützten Werkes in einem Auktionskatalog als unfair zu bewerten ist. Demnach handelt es sich auch bei dieser Nutzungsart nach US-amerikanischem Recht um einen zulässigen *fair use*.

c. Abbildung von Werken zum Zwecke der Werbung für bestimmte Veranstaltungen – Fair Use im Sinne des 17 U.S.C. § 107?

Nachdem die Wiedergabe Copyright-geschützter Werke sowohl in Museums- als auch in Auktionskatalogen nach Maßgabe des § 107 als zulässig zu erachten ist, stellt sich zuletzt die Frage, ob dies auch für Werbemaßnahmen gilt. Unter Werbemaßnahmen werden hier jene Maßnahmen verstanden, die im deutschen Recht von § 58 Abs. 1 UrhG adressiert werden[377]. Gemeint ist demnach ausschließlich Werbung für Museumsausstellungen sowie Kunstverkäufe und -auktionen in Form von Zeitungsanzeigen, Plakaten etc. Souvenir- und Merchandise-Artikel zählen nicht dazu.

Bei der folgenden Prüfung wird zunächst danach differenziert, für welche Art der Veranstaltung geworben wird: Während Kunstverkäufe in Auktionen oder in Galerien generell kommerzielle Ziele verfolgen, so ist dies bei Ausstellungen in öffentlich zugänglichen Museen nicht der Fall.

Zunächst wird die Frage nach der Zulässigkeit der Werknutzung zur Werbung für Kunstverkäufe betrachtet.

---

377 Siehe dazu Seite 32 ff.

(1) Werbung für Kunstverkäufe

Wie im Falle der Auktionskataloge kann auch die Verwendung eines Werkes zur Werbung für Kunstverkäufe keiner der in § 107 explizit erwähnten Nutzungsarten zugeordnet werden. Dies bedeutet jedoch nicht, dass eine derartige Nutzung unzulässig ist[378]. Entscheidend ist, inwiefern sie im Übrigen mit den vier Kriterien des § 107 vereinbar ist.

(a) Erstes Kriterium: Purpose and character of the use

Im Rahmen des ersten Kriteriums der *fair use*-Prüfung, welches auf die Nutzungsart abstellt, ist insbesondere von Bedeutung, ob das geschützte Werk in kommerzieller Art genutzt wird und ob es bei der Nutzung transformiert oder im Original übernommen wird.

i. Transformation

Bei der Nutzung eines Kunstwerkes zu Zwecken der Werbung für seinen Verkauf wird das Werk üblicherweise originalgetreu abgebildet. Eine Transformation findet demnach nicht statt. Zu berücksichtigen ist jedoch, dass die fehlende Umgestaltung dadurch bedingt ist, dass die Abbildung eines angebotenen Werkes zum Besuch der Verkaufsveranstaltung und damit zu dessen Erwerb anregen soll. Dieses Ziel kann nur dann erreicht werden, wenn das Werk dabei in seiner Originalgestalt wiedergegeben wird. Insofern wirkt sich die fehlende Transformation innerhalb des ersten *fair use*-Kriteriums nicht negativ aus.

ii. Kommerzielle Nutzung

Kunstverkäufe haben notwendigerweise einen kommerziellen Charakter. Insofern gilt dies auch für die dazugehörige Werbung. Das Ziel von Plakaten, Zeitungsanzeigen und ähnlichen Maßnahmen ist es, einem möglichst breiten Publikum die Tatsache des anstehenden Verkaufs bekannt zu machen und auf diesem Wege die Nachfrage und damit den Verkaufspreis zu

378 Siehe dazu Seite 112 f.

steigern. Damit wird ein Werk kommerziell genutzt, wenn es zu diesem Zwecke abgebildet wird. Jedoch steht die kommerzielle Verwertung hier nicht im Vordergrund, denn nicht die Werkreproduktion selbst wird zum Verkauf angeboten, sondern sie dient – wie die Abbildungen in Auktionskatalogen – dazu, den Verkauf des eigentlichen Werkes zu befördern. Somit erfolgt die kommerzielle Nutzung hier nur indirekt, während durch die Abbildung des Werkes an sich kein Geld verdient wird.

Im Hinblick auf die Tatsache, dass der Werkschöpfer in den Vereinigten Staaten wegen des (außer in Kalifornien) fehlenden Folgerechts nicht am Weiterkauf partizipiert und insofern auch nicht davon profitiert, wenn mit der Abbildung seines Werkes für dessen Verkauf geworben wird, kann auf die oben[379] genannten Erwägungen im Zusammenhang mit der Werknutzung in Auktionskatalogen verwiesen werden: Das fehlende Folgerecht wird für die hiesige Prüfung außer Acht gelassen.

Demnach spricht die Werknutzung zum Zwecke der Ankündigung von und der Werbung für Verkaufsveranstaltungen im Rahmen des ersten Kriteriums des § 107 für *fair use*.

(b) Zweites Kriterium: Nature of the copyrighted work

Bezüglich des zweiten Kriteriums des § 107, das die Art des geschützten Werkes zum Gegenstand hat, gilt das, was im Zusammenhang mit Auktionskatalogen erörtert wurde: Der Umstand, dass Kunst aufgrund ihres grundsätzlich fiktiven Charakters stärker schutzwürdig ist als auf Fakten basierende Werke, steht einem *fair use* nicht im Wege. Auch die Problematik der Veröffentlichung[380] des betreffenden Werkes stellt sich in der Regel nicht. Sofern es nämlich unveröffentlicht und damit besonders schutzwürdig ist, befindet sich das Werk noch im Eigentum des Schöpfers, so dass dieser selbst über dessen Nutzung entscheiden kann.

---

379 Siehe Seite 129.
380 Siehe Seite 115.

(c) Drittes Kriterium: Amount and substantiality of the portion used in relation to the copyrighted work as a whole

Die Betrachtung des dritten *fair use*-Merkmals, nämlich die Frage nach dem Ausmaß der Nutzung des geschützten Werkes, ist hier komplexer.

Im Gegensatz zur Abbildung in Katalogen, in denen ein Werk üblicherweise zwar komplett, jedoch in stark verkleinerter Form wiedergegeben wird, stellt sich die Situation im Hinblick auf Werbemaßnahmen anders dar, denn oftmals erfolgt die Abbildung des gesamten Werkes dabei im Großformat. Farbige Abbildungen in ganzseitigen Zeitungsanzeigen oder auf Werbeplakaten sind in diesem Zusammenhang durchaus üblich. Zwar können auch derartige Abbildungen nicht das Original und somit auch nicht das „qualitative Herzstück" eines Werkes ersetzen, welches im Zusammenhang mit dem dritten *fair use*-Faktor von besonderem Belang ist[381]. Dennoch geht eine großformatige Reproduktion über die Notwendigkeit der (verkleinerten) Abbildung eines Werkes in einem Auktionskatalog hinaus, die dessen Verkauf oftmals erst ermöglicht.

Andererseits dient die Werknutzung zur Werbung für Kunstverkäufe ebenso wie diejenige in Auktionskatalogen dazu, zum Besuch der betreffenden Veranstaltung anzuregen, indem das Interesse für den Erwerb des abgebildeten Objekts geweckt werden soll. Dieses Ziel kann nur durch eine großformatige Wiedergabe erfolgen, damit die Werbung wahrgenommen wird.

Insofern ergibt die Prüfung des dritten Merkmals hier kein eindeutiges Ergebnis hinsichtlich der Frage nach *fair use.*

(d) Viertes Kriterium: Effect of the use upon the potential market or value

Etwas problematisch verhält es sich auch mit dem vierten Kriterium, nämlich den Auswirkungen auf den Absatzmarkt des geschützten Werkes: Sofern eine Werbemaßnahme darin besteht, das Werk – insbesondere auf Plakaten – in einer gewissen Größe und in Farbe wiederzugeben, ist zumindest der Markt für Derivate wie Drucke und Poster tangiert.

Es ist grundsätzlich denkbar, dass ein Ausstellungsplakat, auf dem ein Kunstwerk gezeigt wird, anstelle eines entsprechenden Posters oder

381 Siehe Seite 116.

Drucks genutzt wird. Entscheidend sind dabei die Größe und die Qualität der jeweiligen Abbildung. Zu berücksichtigen ist allerdings, dass Werbeplakate nicht käuflich zu erwerben sind. Sofern sie illegal aus dem öffentlichen Raum entfernt und privat genutzt werden, kann dies nicht der Maßstab für die Frage nach der Vereinbarkeit mit dem vierten *fair use*-Kriterium sein. Unter Berücksichtigung der Gesamtumstände ist die Wiedergabe eines geschützten Werkes auf einem Werbeträger daher nicht dazu geeignet, das Original oder dessen Derivate in Form von Drucken und Postern aus dem Markt zu verdrängen.

Insofern ergibt die Prüfung des vierten Merkmals, dass die Werknutzung mit dem *fair use*-Gedanken im Einklang steht.

(e) Gesamtbetrachtung und Ergebnis

Mit Ausnahme des dritten Kriteriums spricht die Auswertung der einzelnen Merkmale im Hinblick auf die Werknutzung zu Zwecken der Werbung für Verkaufsveranstaltungen für *fair use*.

Eine großformatige Werkabbildung im Rahmen des dritten Prüfungsmerkmals ist deshalb problematisch, weil dies bedeuten kann, dass das Werk nicht nur komplett, sondern möglicherweise auch annähernd in Originalgröße wiedergegeben wird. Allerdings fällt diese Tatsache – gemessen an den Gesamtumständen – nicht so stark ins Gewicht, als dass ein *fair use* daran scheitern würde. Zu berücksichtigen ist neben dem Umstand, dass die restlichen Merkmale mit dem *fair use*-Gedanken vereinbar sind, auch die Tatsache, dass das qualitative Herzstück eines Werkes durch die Reproduktion auf einem Werbeplakat nicht wiedergegeben werden kann[382].

Insgesamt ergibt die Prüfung deshalb auch hier, dass ein *fair use* gegeben und die Nutzung eines Werkes im Rahmen von Werbung für Verkaufsveranstaltungen zulässig ist.

---

382 Siehe dazu auch die Ausführungen auf Seite 125.

(2) Werbung für Kunstausstellungen

Zuletzt soll erörtert werden, inwiefern die Werknutzung zur Werbung für Kunstausstellungen nach § 107 zulässig ist.

Die Nutzung eines Werkes zur Werbung für Kunstausstellungen kann wiederum keiner der in § 107 explizit erwähnten Nutzungsarten zugeordnet werden. Für die Frage nach der Zulässigkeit ist mithin entscheidend, inwiefern sie im Übrigen mit den vier Kriterien des § 107 vereinbar ist.

(a) Erstes Kriterium: Purpose and character of the use

Im Zusammenhang mit dem ersten Faktor der *fair use*-Prüfung stellt sich zunächst wiederum die Frage, ob das geschützte Werk in kommerzieller Art genutzt wird und ob es bei der Nutzung transformiert oder im Original übernommen wird.

i. Transformation

Durch die Nutzung des Werkes findet wiederum keine Transformation statt. Dies ist auch hier unerheblich, denn wenn mit der Abbildung eines Werkes für dessen Ausstellung geworben wird, muss dies zwangsläufig durch eine originalgetreue Wiedergabe geschehen[383].

ii. Kommerzielle Nutzung

Die Abbildung eines Kunstwerkes im Rahmen der Ankündigung einer bzw. Werbung für eine Ausstellung in einem öffentlich zugänglichen Museum dient ebenso wie diejenige für Verkaufsveranstaltungen dazu, einen großen Besucherkreis anzuziehen um der jeweiligen Veranstaltung zum größtmöglichen Erfolg zu verhelfen. Im Hinblick auf den üblicherweise durch die Ausstellungsbesucher zu entrichtenden Eintrittspreis und die aus einer großen Besucherzahl resultierenden Einnahmen sind mit einer Ausstellung auch kommerzielle Aspekte verknüpft. Allerdings ist dies inso-

383 Siehe dazu die Ausführungen auf S. 132 f.

fern zwingend erforderlich, als der Eintritt in erster Linie dazu dient, die durch die Ausstellung entstehenden Kosten zu decken.

Außerdem ist die Zielrichtung einer Museumsausstellung eine andere als diejenige einer Verkaufsveranstaltung. Sinn und Zweck einer Kunstausstellung ist es, Kunst und Kultur als Allgemeingüter zu vermitteln und einer breiten Öffentlichkeit zugänglich zu machen. Damit wird der *intellectual property clause* (Art. I, sec. 8 cl. 8) der Verfassung[384] Rechnung getragen und ein öffentlicher Auftrag erfüllt.

Insofern erfolgt die Werknutzung hier zugunsten der Allgemeinheit und eventuelle kommerzielle Aspekte treten in den Hintergrund.

Die Prüfung des ersten Kriteriums spricht mithin für *fair use*.

(b) Zweites Kriterium: Nature of the copyrighted work

Für das zweite Kriterium der *fair use*-Prüfung kann auf die oben gemachten Ausführungen im Zusammenhang mit der Werknutzung zur Werbung für Kunstverkäufe verwiesen werden[385]; Bedenken hinsichtlich der Vereinbarkeit mit dem *fair use*-Gedanken bestehen nicht.

(c) Drittes Kriterium: Amount and substantiality of the portion used in relation to the copyrighted work as a whole

Hinsichtlich des dritten Faktors, der sich mit dem Ausmaß der Nutzung des betroffenen Werkes beschäftigt, kann ebenfalls auf die oben[386] gemachten Ausführungen verwiesen werden. Zu der Frage, inwiefern die Prüfung dieses Merkmals für oder gegen *fair use* spricht, lässt sich kein eindeutiges Ergebnis feststellen.

(d) Viertes Kriterium: Effect of the use upon the potential market or value

Für die Bewertung des vierten Kriteriums, das die Auswirkungen auf den Absatzmarkt des Originalwerkes zum Gegenstand hat, wird schließlich

---

384 Siehe dazu oben Seite 104.
385 Siehe Seite 133.
386 Siehe Seite 134.

ebenfalls auf die Ausführungen zur Werknutzung im Zusammenhang mit der Werbung für Kunstverkäufe verwiesen[387]. Die Prüfung des vierten Merkmals spricht mithin für *fair use*.

(e) Gesamtbetrachtung und Ergebnis

Mit Ausnahme des dritten Kriteriums spricht die Auswertung der einzelnen Merkmale im Hinblick auf die Werknutzung zur Ausstellungswerbung für *fair use*.

Eine im Rahmen des dritten Prüfungsmerkmals gegebenenfalls erfolgende großformatige Werkabbildung ist wiederum deshalb problematisch, weil dies bedeuten kann, dass das Werk möglicherweise nicht nur komplett, sondern auch annähernd in Originalgröße wiedergegeben wird. Dennoch scheitert der *fair use* gemessen an den Gesamtumständen auch in diesem Zusammenhang nicht an diesem Aspekt. Wie im Falle der Werknutzung zur Werbung für dessen Verkauf kann auch hier das qualitative Herzstück des Werkes nicht durch die Reproduktion auf einem Werbeplakat wiedergegeben werden[388] und die übrigen Faktoren sprechen ohnehin für *fair use*.

Aus der Gesamtschau ergibt sich folglich, dass die Wiedergabe Copyright-geschützter Werke zu Zwecken der Werbung für öffentliche Ausstellungen den Anforderungen der *fair use*-Prüfung standhält und daher zulässig ist.

d. Gesamtergebnis der fair use-Prüfungen

Geprüft wurde die Vereinbarkeit der vier verschiedenen für die Praxis besonders bedeutenden Tatbestände mit den Vorgaben der *fair use*-Doktrin.

Dabei hat sich gezeigt, dass sowohl die Abbildung Copyright-geschützter Werke in Museumskatalogen, als auch diejenige in Auktions- bzw. Verkaufskatalogen den *fair use*-Kriterien nach 17 U.S.C. § 107 entspricht. Auch die Wiedergabe dieser Werke zu Zwecken der Werbung für Kunstverkäufe bzw. für Kunstausstellungen ist mit den Anforderungen der Regelung vereinbar.

---

387 Siehe Seite 134 f.

388 Siehe dazu auch die Ausführungen auf Seite 125.

Insofern sind Werknutzungen im Sinne des § 58 Abs. 1 UrhG sowie für Museumskataloge nach § 58 Abs. 2 UrhG auch nach US-amerikanischen Recht als Ausnahmetatbestände zulässig.

e. Beurteilung des Beispielsfalles[389] nach US-amerikanischem Recht

Die Werknutzung im oben genannte Beispielsfall, in dem ein Auktionshaus mit einer 72-seitigen farbigen Anzeige für eine bevorstehende Auktion geworben hatte, die optisch wie ein Auktionskatalog gestaltet und als Beilage zu einem renommierten Kunstmagazin erschienen war, wäre aufgrund der vorstehend herausgearbeiteten Ergebnisse in den Vereinigten Staaten nach § 107 zulässig. Die Abbildung eines Copyright-geschützten Werkes zur Werbung für seinen Verkauf ist nämlich als *fair use* einzustufen. Der Umfang der Anzeige ist dabei – wie im deutschen Recht – für die Beurteilung irrelevant, denn auch § 107 beschäftigt sich mit der Nutzung des einzelnen Werkes. Für die Einstufung dieser Nutzung als *fair use* ist es nicht von Belang, ob gleichzeitig andere Werke abgebildet werden, denn dies hat keinen Einfluss auf die Nutzungsintensität des einzelnen Werkstücks. Voraussetzung für diese Einschätzung ist jedoch wiederum, dass die Anzeige, anders als es nach Ansicht des Gerichts im Beispielsfall gegeben war, nicht vorrangig der Imagepflege des werbenden Auktionshauses dient. Andernfalls wäre im Sinne des ersten *fair use*-Kriteriums davon auszugehen, dass der kommerzielle Charakter der Werknutzung zugunsten des werbenden Auktionshauses im Vordergrund stünde. Dies hätte schließlich auch im Rahmen einer Gesamtabwägung der einzelnen Kriterien des § 107 zur Folge, dass ein *fair use* abzulehnen wäre.

4. Unterschiede zwischen Theorie und Praxis

Es ist wichtig zu berücksichtigen, dass es sich bei den hier aus der Analyse des § 107 gezogenen Schlussfolgerungen mangels dazu ergangener Rechtsprechung bisher weitgehend um theoretische Erwägungen handelt. Auch wenn oben[390] festgestellt wurde, dass beispielsweise die Wiedergabe eines Copyright-geschützten Werkes in einem Museumskatalog *fair use*

389 LG Berlin, ZUM-RD 2007, 421 ff.; siehe dazu Seite 41 ff.
390 Siehe Seite 126.

darstellt, bedeutet dies nicht, dass das auch in der Praxis entsprechend gehandhabt wird. So verlangt die große Verwertungsgesellschaft VAGA unter anderem Gebühren für den Abdruck eines Werkes in einem Museumskatalog[391].

IV. Fair Use-Doktrin und 3-Stufen-Test

Im Rahmen des hiesigen Rechtsvergleichs ist es naheliegend, zu betrachten, ob und inwiefern die Ausgestaltung der US-amerikanischen Schrankenregelung mit dem deutschen bzw. dem europäischen Urheberrecht vereinbar wäre.

Maßgeblich für die Gestaltung und die Auslegung von Schrankenregelungen im europäischen Urheberrecht ist der Dreistufentest[392]. Insofern stellt sich hier die Frage, ob 17 U.S.C. § 107 den Vorgaben des Dreistufentests gerecht wird.

Nach dem Dreistufentest dürfen Ausnahmen und Beschränkungen nur in bestimmten Sonderfällen angewandt werden (erste Teststufe), in denen die normale Verwertung des Werkes oder des sonstigen Schutzgegenstands nicht beeinträchtigt wird (zweite Teststufe) und die berechtigten Interessen des Rechteinhabers nicht ungebührlich verletzt werden (dritte Teststufe)[393].

Die zweite Stufe des Dreistufentests ähnelt in ihren Anforderungen stark dem vierten Kriterium der *fair use*-Prüfung *(effect of the use upon the potential market for or value of the copyrighted work)*, so dass diesbezüglich von einer Vereinbarkeit auszugehen ist.

Auch der dritten Stufe des Dreistufentests wird innerhalb der *fair use*-Prüfung hinreichend Rechnung getragen: Unter der Voraussetzung, dass es sich bei dem dort genannten berechtigten Interesse um das ökonomische Interesse handelt, das der Rechteinhaber an der Geltendmachung international anerkannter Ausschließlichkeitsrechte hat[394], wird dieses Interesse ebenfalls durch das vierte *fair use*-Merkmal gewährleistet. Die Möglichkeit, das ökonomische Interesse zu realisieren, resultiert nämlich insbeson-

---

391 Siehe dazu Seite 148.

392 Siehe Seite 48 ff.

393 Dreistufentest in Gestalt des Art. 5 Abs. 5 der RL 2001/29/EG.

394 Senftleben, Grundprobleme des urheberrechtlichen Dreistufentests, GRUR Int. 2004, 200, 210; siehe dazu oben Seite 51 ff.

dere aus dem Marktwert eines Werkes, mit dessen möglicher Schädigung sich das vierte *fair use*-Kriterium beschäftigt. Im Falle einer zu starken Beeinträchtigung des Marktwertes sorgt dieses Merkmal im Rahmen des § 107 dafür, dass die fragliche Nutzung unzulässig ist und somit die Interessen des Rechteinhabers berücksichtigt werden. Bezüglich dieses Aspekts sind die Anforderungen des § 107 sogar strenger als diejenigen des Dreistufentests: Während es nach der dritten Stufe des Dreistufentests möglich ist, eine zu intensive Beeinträchtigung der Interessen des Rechteinhabers durch die Zahlung einer Gebühr zu kompensieren[395], sieht § 107 gerade nicht die Möglichkeit vor, *fair use* durch eine entsprechende Zahlung herbeizuführen[396].

Problematisch ist jedoch die Kompatibilität von 17 U.S.C. § 107 mit der ersten Stufe des Dreistufentests. Während die US-amerikanische Regelung nämlich als Generalklausel ausgestaltet ist, spricht die erste Teststufe von „bestimmten Sonderfällen", in denen eine Ausnahmeregelung zulässig ist[397]. Im Hinblick auf die erste Teststufe stellt sich demnach hier die Frage, ob aus dieser Formulierung ein Bestimmtheitsgebot gefolgert werden kann[398]. Dies hätte zur Konsequenz, dass in einer Schrankenregelung sämtliche Ausnahmetatbestände konkret benannt sein müssten. Unter diesen Voraussetzungen wäre die *Fair Use Doctrine* nicht mit dem Dreistufentest vereinbar, weil es sich dabei eben um eine offen gehaltene Schrankengeneralklausel handelt. Wie oben[399] dargestellt, beinhaltet die erste Stufe des Dreistufentests aber kein absolutes Bestimmtheitsgebot[400]. Vielmehr ist es für die Anforderungen des Tests ausreichend, wenn der Umfang einer Regelung inhaltlich bestimmbar ist. Somit läuft eine Schrankengeneralklausel also nicht per se den Erfordernissen der ersten Teststufe zuwider. Sofern der Anwendungsbereich des § 107 wenigstens bestimmbar ist, wäre den Vorgaben der ersten Teststufe Genüge getan.

Der Wortlaut des § 107, welcher eine bestimmte Werknutzung gestattet, sofern sie *fair* ist und der dabei – nicht abschließend – Beispiele für Hand-

---

395 Siehe dazu Seite 52.

396 Siehe Seite 118.

397 Siehe Seite 49 f.

398 Senftleben, Grundprobleme des urheberrechtlichen Dreistufentests, GRUR Int. 2004, 200, 206.

399 Siehe Seite 49 f.

400 Senftleben, Grundprobleme des urheberrechtlichen Dreistufentests, GRUR Int. 2004, 200, 206.

lungen aufzählt, die ausnahmsweise zulässig sind, trägt allerdings wenig zur Bestimmbarkeit des inhaltlichen Umfangs der Regelung bei. Die Frage nach der Fairness beurteilt sich anhand der vier in § 107 aufgezählten Kriterien[401], deren jeweiliger Tatbestand seinerseits flexibel ausgestaltet und wenig konkret ist. Das Ergebnis der *fair use*-Prüfung folgt schließlich aus der Gesamtbetrachtung und der unterschiedlichen Gewichtung der vier Einzelkriterien. Es ist somit kaum möglich, den Anwendungsbereich der Regelung abzustecken.

Ferner grenzt die im Zusammenhang mit § 107 ergangene Rechtsprechung – auch wenn Rechtsprechung grundsätzlich zur inhaltlichen Bestimmbarkeit einer Schrankenregelung beitragen kann[402] – den Anwendungsbereich der *Fair Use*-Klausel nicht in dem für die Bestimmbarkeit erforderlichen Maße ein. Gerade weil die Gerichte wiederholt betont haben, dass es sich bei jeder Entscheidung im Zusammenhang mit § 107 um eine Betrachtung des Einzelfalls handelt, ist es nicht möglich, verallgemeinernde Fallgruppen für erlaubte Nutzungshandlungen herauszubilden[403]. Unter diesen Voraussetzungen ist die *Fair Use Doctrine* in formaler Hinsicht kaum mit den Vorgaben der ersten Teststufe des Dreistufentests in Einklang zu bringen[404].

Trotz dieser Beurteilung ist jedoch zu berücksichtigen, dass die Vereinigten Staaten nicht nur im Jahre 1989 – also elf Jahre nach Inkrafttreten des aktuellen Copyright Act – der Berner Urheberrechtskonvention beigetreten sind, sondern auch das TRIPS-Abkommen von 1994 unterzeichnet haben[405]. Obwohl der Dreistufentest Bestandteil beider Abkommen ist[406], ist 17 U.S.C. § 107 in keinem Fall beanstandet worden[407]. Offensichtlich gingen alle Beteiligten davon aus, dass die Norm den Vorgaben des Dreistufentests gerecht wird.

---

401 Siehe Seite 112 ff.

402 Förster, 197

403 Förster, 199.

404 Förster, 199; a.A. Senftleben, Copyright, Limitations and the Three-Step Test. An Analysis of the Three-Step Test in International and EC Copyright Law, 2004, 165.

405 Förster, 200.

406 Siehe Seite 48 f.

407 Förster, 200.

V. Rechtewahrnehmung in den USA

1. Kartellrechtliche Vorgaben

Die kollektive Wahrnehmung der aus dem Copyright erwachsenden Rechte durch Verwertungsgesellschaften ist in den Vereinigten Staaten von den besonders strengen Vorgaben des Wettbewerbs- und Kartellrechts geprägt[408]. Einleitend sollen hier einige Anmerkungen zu dieser Thematik erfolgen.

Während die Verwertungsgesellschaften auch im europäischen Recht der Kontrolle des Kartellrechts unterliegen,[409] hat das US-amerikanische Antitrust Law angesichts des sehr hohen Stellenwertes, der dem freien Markt in den Vereinigten Staaten beigemessen wird, eine besondere Bedeutung.

Wenn Urheber ihre Rechte von einer Verwertungsgesellschaft wahrnehmen lassen, erfolgt dies in der Regel aufgrund eines exklusiven Wahrnehmungsvertrags. Die jeweilige Verwertungsgesellschaft verfügt mithin über eine Monopolstellung hinsichtlich der Rechte an den Werken der von ihr vertretenen Künstler. Dies birgt die Gefahr, dass die Verwertungsgesellschaft ihre Stellung sowohl gegenüber den Urhebern als auch gegenüber den Nutzern missbraucht. Im Hinblick auf das US-amerikanische Kartellrecht kollidiert die Praxis der Verwertungsgesellschaften insbesondere mit § 1 und § 2 des Sherman Antitrust Act (15 U.S.C.) aus dem Jahre 1890[410], bei dem es sich gewissermaßen um das Grundgesetz des US-amerikanischen Kartellrechts handelt[411]. Nach diesem Gesetz sind gemäß § 1 sämtliche Formen wettbewerbsbeschränkender Absprachen und nach § 2 eine Monopolisierung oder deren Versuch verboten[412].

Auch das Copyright selbst scheint auf den ersten Blick den Vorgaben des Sherman Antitrust Act zu widersprechen, weil es dem Werkschöpfer

---

408 Kukuk, 68.

409 Das Verhalten von Verwertungsgesellschaften wird von EG-Kommission und EuGH an Artt. 101, 102 AEUV gemessen. Dabei wird die Notwendigkeit kollektiver Rechtewahrnehmung im Rahmen einer Interessenabwägung berücksichtigt (vgl. Schack, Urheber- und Urhebervertragsrecht, Rn. 1316).

410 http://www.law.cornell.edu/uscode/html/uscode15/usc_sup_01_15.html; zuletzt besucht am 12. Dezember 2016.

411 Kukuk, 69.

412 Mestmäcker, Sind urheberrechtliche Verwertungsgesellschaften Kartelle? in: Riesenhuber (Hrsg.), Beiträge zum Urheberrecht, 5.

ein zeitlich begrenztes Monopol zur Verwertung des von ihm geschaffenen Werkes einräumt, wie dies bereits die Verfassung vorsieht[413].

Um diesem Dilemma zu begegnen, differenziert die Rechtsprechung bei der Auslegung des Begriffs des Monopols. Unterschieden wird zwischen dem Monopolrecht, das jedem Inhaber eines gewerblichen Schutzrechts automatisch zusteht, auf der einen und einem Monopol im Sinne des Sherman Act auf der anderen Seite. Letzteres ist dann gegeben (und verboten), wenn sich beispielsweise mehrere Copyright-Inhaber zusammenschließen und auf diesem Wege marktregelnde Vereinbarungen treffen[414]. Entwickelt wurde diese Unterscheidung bereits im Jahre 1913, als der Supreme Court sich mit einem Fall auseinanderzusetzen hatte, in dem Verleger untereinander Absprachen über die von ihnen vertriebenen Copyright-geschützten Bücher getroffen hatten[415].

Sowohl die amerikanischen Kartellbehörden als auch die Gerichte haben sich seit dem Beginn des 20. Jahrhunderts wiederholt mit Verwertungsgesellschaften auseinandergesetzt und sich dabei insbesondere mit den Themen Monopolisierung und Preisabsprachen beschäftigt. Um die kartellrechtlichen Vorgaben differenziert auslegen zu können, behalf man sich mit zwei Instrumenten des US-amerikanischen Rechts, der *rule-of-reason-doctrine* sowie den sogenannten *consent decrees*[416].

a. Rule-of-Reason-Doktrin

Die Rule-of-Reason-Doktrin wurde 1911 von der Rechtsprechung im Zusammenhang mit der Interpretation des Sherman Antitrust Act entwickelt[417], um dessen Tatbestände, die bestimmte wirtschaftliche Praktiken wie Wettbewerbsbeschränkungen und Preisabsprachen per se verbieten, einschränkend auslegen zu können. Dies wurde als notwendig erachtet, weil nahezu jeder Vertrag eine bestimmte Art der Wettbewerbsbeschränkung zur Folge hat, so dass eine uneingeschränkte Auslegung von

---

413 U.S. Const. Art. I, § 8 cl. 8; siehe Seite 104.

414 Mestmäcker, Sind urheberrechtliche Verwertungsgesellschaften Kartelle? in: Riesenhuber (Hrsg.), Beiträge zum Urheberrecht, 9.

415 Straus & Straus v. American Publishers' Association, 231 U.S. 222.

416 Mestmäcker, Collecting Societies in Law and Economics in: Riesenhuber (Hrsg.), Beiträge zum Urheberrecht, 408.

417 Standard Oil Co. of New Jersey v. United States, 221 U.S. 1.

§§ 1 und 2 des Sherman Antitrust Act faktisch die Vertragsfreiheit abschaffen würde[418].

Als Richtschnur für die Gesetzesauslegung gilt nach der Rule-Of-Reason-Doktrin das Ziel, eine unangemessene und unvernünftige Behinderung der Wettbewerbsbedingungen zu verhindern, um die sich aus einer Monopolisierung oder aus einer ähnlichen wettbewerbswidrigen Praxis ergebenden Gefahren abzuwehren[419]. Sofern diese Zielsetzung bei der Prüfung eines bestimmten Sachverhalts nicht gefährdet ist, sind auch diejenigen Handlungen zulässig, die grundsätzlich eine Wettbewerbsbeschränkung darstellen.

b. Consent Decrees

Bei einem *consent decree* handelt es sich um einen alle Parteien bindenden Vergleich, der vom Gericht akzeptiert wird und grundsätzlich die gleichen Wirkungen wie ein Urteil hat[420]. Die dafür erforderliche Zustimmung der Parteien ersetzt die Feststellung eines materiellen Rechtsverstoßes in tatsächlicher und rechtlicher Hinsicht, so dass ein *consent decree* keine Entscheidung in materieller Hinsicht darstellt[421]. *Consent decrees* sind auch nicht statisch, sondern sie können geändert oder ergänzt werden.

Im Hinblick auf Streitigkeiten im Zusammenhang mit Verstößen einer Verwertungsgesellschaft gegen den Sherman Antitrust Act haben sich die beteiligten Parteien wiederholt im Rahmen eines *consent decree* geeinigt[422], mit der Folge, dass bestimmte wettbewerbsbeschränkende Praktiken des Beklagten unterbunden wurden.

---

418 Zwar spricht nur § 1 von Wettbewerbsbeschränkung (restraint of trade), jedoch hat auch eine Monopolisierung im Sinne des § 2 notwendigerweise zugleich eine Beschränkung des Wettbewerbs zur Folge (vgl. Mestmäcker, Sind urheberrechtliche Verwertungsgesellschaften Kartelle? in: Riesenhuber (Hrsg.), Beiträge zum Urheberrecht, 15).

419 Kukuk, 75.

420 Schmidt/Haucap, 290.

421 Mestmäcker, Sind urheberrechtliche Verwertungsgesellschaften Kartelle? in: Riesenhuber (Hrsg.), Beiträge zum Urheberrecht, 6.

422 Unter den wichtigsten Fällen sind US v. ASCAP, 1950-1951 Trade Cas. (CCH), 62, 595; US v. BMI, 1940-1943 Trade Cas. (CCH) 56, 096; diese *consent decrees* wurden zuletzt 2001 ergänzt (vgl. Mestmäcker, Collecting Societies in Law and Economics in: Riesenhuber (Hrsg.), Beiträge zum Urheberrecht, 408).

2. US-amerikanischen Verwertungsgesellschaften im Bereich der bildenden Künste: VAGA und ARS

In den USA gibt es nicht nur eine sondern mehrere Verwertungsgesellschaften, die für die Wahrnehmung der Rechte bildendender Künstler zuständig sind. Die beiden wichtigsten sind die Visual Artists and Galleries Association, Inc. (VAGA) und die Artists Rights Society (ARS).

a. VAGA (Visual Artists and Galleries Association)

(1) Struktur und Preisgestaltung

Die 1976 gegründete, in New York ansässige Visual Artists and Galleries Association, Inc. (VAGA) nimmt in den Vereinigten Staaten die Rechte von amerikanischen Künstlern[423] sowie, durch Gegenseitigkeitsabkommen mit ausländischen Schwestergesellschaften, von zahlreichen Urhebern aus dem Ausland wahr. Umgekehrt werden in Deutschland die Rechte der von VAGA vertretenen Künstler von der VG Bild-Kunst wahrgenommen. Die VAGA ist sowohl Verwertungsgesellschaft als auch (allgemeine) Interessenvertretung der Künstler[424].

Organisiert ist die Gesellschaft als US-amerikanisches Pendant des eingetragenen Vereins (membership corporation). Sie wird von den vertretenen Künstlern als Mitgliedern betrieben. Die Tarife, die die VAGA für die Nutzung der Werke ihrer Mitglieder berechnet, werden nicht veröffentlicht. Nach Auskunft des Geschäftsführers von VAGA basieren die Tarife auf der Art der jeweiligen Werknutzung.[425]

Bei der Abbildung eines Werkes in einem Buch werden für die Berechnung der Preise beispielsweise folgende Kriterien zugrunde gelegt: Größe der Abbildung im Verhältnis zur Seitengröße; Wiedergabe des Werkes in Farbe oder in Schwarz-Weiß; Auflagenhöhe; Übersetzung des Buches in verschiedene Sprachen sowie Länder, in denen das Buch vertrieben wird.

---

423 Bzw., im Falle einer nach US-Recht zulässigen Rechteübertragung, von den entsprechenden Rechteinhabern.

424 Vgl. http://vagarights.com/general-information-services/; zuletzt besucht am 12. Dezember 2016.

425 E-Mail-Auskunft von R. Panzer, VAGA Executive Director, vom 7. Oktober 2009.

Wissenschaftliche Bücher werden – sofern die Abbildung nicht ohnehin unter eine Ausnahmeregelung des Copyright Act fällt – gegenüber kommerziellen Produkten durch reduzierte Preise berücksichtigt. Nicht relevant für die Preisgestaltung ist hingegen die Bekanntheit des betreffenden Künstlers.

Für die Nutzung von Werken zu Werbezwecken wird üblicherweise zunächst eine Vorschusszahlung fällig und zusätzlich eine Gebühr in Höhe von fünf bis zehn Prozent des Großhandelspreises (oder – je nach Sachlage – des Endverkaufspreises) eines Produktes berechnet, auf dem das jeweilige Werk abgebildet ist. Details bei der Preisgestaltung hängen dabei von einer Reihe anderer, nicht näher genannter Faktoren ab. Die Tarife für die Werknutzung im Internet sind zum einen davon abhängig, über welchen Zeitraum das betreffende Werk online abrufbar ist. Zum anderen wird gelegentlich danach unterschieden, wo das Werk platziert wird, wobei für die Nutzung auf einer Homepage höhere Gebühren berechnet werden, als auf einer untergeordneten Website.[426]

(2) Praxis der VAGA im Hinblick auf die Nutzung von Werken in Katalogen sowie zur Werbung für Kunstausstellungen und -verkäufe

Wie oben[427] gesehen ist die Werknutzung zur Werbung für Kunstausstellungen und -verkäufe – zumindest in der Theorie – als *fair use* nach 17 U.S.C. § 107 lizenzfrei zulässig.

Die VAGA ist grundsätzlich anderer Meinung und verlangt entsprechend die Zahlung von Lizenzgebühren für die Nutzung der Werke der von ihr vertretenen Künstler. Dennoch gibt es bestimmte Ausnahmefälle, in denen die VAGA auf die Zahlung von Gebühren verzichtet.

(a) Kunstverkäufe

Ein solcher Ausnahmefall ist beispielsweise gegeben, wenn ein zum Verkauf stehendes Werk in einem Katalog abgebildet wird. Diese Ausnahme gilt jedoch nur für die Abbildung innerhalb des Katalogs – sofern das

426 E-Mail-Auskunft von R. Panzer, VAGA Executive Director, vom 7. Oktober 2009.

427 Siehe Seite 131 ff.

Werk auf dem Titel oder auf der Rückseite wiedergegeben wird, sind Gebühren fällig. Hinsichtlich der Abbildung innerhalb des Katalogs muss außerdem differenziert werden: In den USA ist es nämlich üblich, das Werk eines Künstlers in einem Katalog einem anderen Werk zu Vergleichszwecken gegenüberzustellen. Bezüglich desjenigen Werkes, das nicht verkauft, sondern bloß im Zusammenhang mit einem anderen Werk abgebildet wird, sind ebenfalls Gebühren zu entrichten. Wird ein Werk zur Werbung für eine Auktion (in Anzeigen, auf Plakaten etc.) oder einen anderweitigen Verkauf genutzt und werden innerhalb einer solchen Verkaufsveranstaltung – wie im Regelfall – nicht nur das abgebildete, sondern auch Werke anderer Künstler angeboten, so ist auch diese Nutzung gebührenpflichtig.[428]

(b) Kunstausstellungen

Grundsätzlich keine Ausnahme wird im Hinblick auf Werke gemacht, die anlässlich einer Ausstellung abgebildet werden. Für die Reproduktion eines Werkes in einem Museumskatalog verlangt VAGA in der Regel Gebühren[429]. Dabei wird kein Unterschied zwischen temporären und Dauerausstellungen gemacht. Sofern in einer Ausstellung jedoch ausschließlich die Werke eines einzelnen Künstlers gezeigt werden, geltend wiederum Sonderregelungen. So wird von der Erhebung einer Gebühr für Nutzungen abgesehen, die sich in einem kleinen Rahmen halten, beispielsweise wenn ein Werk eines von der VAGA repräsentierten Künstlers in einer Ausstellungseinladung mit einer Auflage von nicht mehr als 200 Stück abgebildet wird. Außerdem verzichtet VAGA im Falle von Einzelausstellungen gelegentlich auf die Zahlung von Gebühren für die Nutzung der Werke zur Be-

428 E-Mail-Auskünfte von R. Panzer, VAGA Executive Director, vom 7. März 2007 und vom 7. Oktober 2010.

429 In diesem Zusammenhang ist anzumerken, dass dies im Hinblick auf Werke, die sich im Eigentum des Museums befinden, nur gilt, wenn diese nach dem 1. Januar 1978 erworben worden sind. Sofern nämlich keine anderweitige schriftliche Vereinbarung existiert, gilt das Copyright an allen vor diesem Zeitpunkt veräußerten Werken als automatisch auf den Erwerber übergegangen (siehe Seite 105). Museen, die ein Werk vor dem 1. Januar 1978 erworben haben, sind somit in der Regel selbst Inhaber des Copyright und können über die Werknutzung vollumfänglich disponieren.

werbung dieser Ausstellung oder bietet zumindest deutliche Preisnachlässe an.[430]

b. ARS (Artists Rights Society)

(1) Struktur und Preisgestaltung

Die ebenfalls in New York ansässige Artists Rights Society (ARS) wurde 1987 gegründet. Wie die VAGA nimmt sie zum einen die Rechte amerikanischer und durch entsprechende Abkommen mit ausländischen Verwertungsgesellschaften auch die Rechte internationaler bildender Künstler in den USA wahr. Mit der VG Bild-Kunst hat die ARS einen Gegenseitigkeitsvertrag über die Wahrnehmung der Rechte bildender Künstler und Fotografen abgeschlossen. Derzeit vertritt die die ARS insgesamt über 80.000 Künstler bzw. deren Erben. Neben der Tätigkeit als Verwertungsgesellschaft versteht sich auch die ARS als Lobby für die Rechte bildender Künstler.[431]

Ebenso wie die VAGA veröffentlicht auch die ARS ihre Tarife nicht. Auch die Allgemeinen Geschäftsbedingungen werden nur im Zusammenhang mit einem Vertragsabschluss bekannt gegeben. Aus einer entsprechenden Nachfrage bei der ARS ergaben sich diesbezüglich keine näheren Informationen.

Diese Geheimhaltungspolitik und die damit einhergehende Intransparenz überraschen insbesondere vor dem Hintergrund der oben erwähnten strengen Vorgaben des US-amerikanischen Kartellrechts.

(2) Praxis der ARS im Hinblick auf die Nutzung von Werken in Katalogen sowie zur Werbung für Kunstausstellungen und -verkäufe

Auch die ARS ist der Ansicht, dass die *fair use*-Doktrin eng auszulegen und die Nutzung Copyright-geschützter Werke zur Werbung für Kunstausstellungen und -verkäufe nicht privilegiert sei. In der Praxis werden jedoch auch hier einige Ausnahmen gemacht. Im Zusammenhang mit der Werk-

430 E-Mail-Auskünfte von R. Panzer, VAGA Executive Director, vom 7. März 2007 und vom 7. Oktober 2010.

431 Vgl. http://www.arsny.com/about/; zuletzt besucht am 12. Dezember 2016.

nutzung zur Werbung für Ausstellungen verzichtet die ARS in bestimmten Fällen auf die Zahlung von Lizenzgebühren. Dazu gehören unter anderem die Werknutzung für Werbebanner im Internet sowie für (nicht verkäufliche) Poster und Ankündigungen in der Presse. Auch für die Präsentation von Werken im Internet im Rahmen der Ankündigung und Bewerbung einer Museumsausstellung werden keine Gebühren verlangt.

Keine Ausnahme wird für die Abbildung von zum Verkauf stehen Werken gemacht. Sofern also eine Auktion oder ein anderweitiger Verkauf durch Poster oder Anzeigen angekündigt wird, sind für die Werknutzung Gebühren zu zahlen.[432]

c. Einschätzung der von VAGA und ARS praktizierten Ausnahmen

Die Tatsache, dass sowohl von VAGA als auch von ARS bei der Lizenzierung Ausnahmen gemacht werden, ist ein Indiz dafür, dass man – losgelöst von offiziellen Bekundungen – auf Seiten der Verwertungsgesellschaften wohl Zweifel daran hat, dass die Nutzung Copyright-geschützter Werke in Auktions- und Ausstellungskatalogen bzw. im Zusammenhang mit der Werbung für deren Ausstellung oder Verkauf keinen *fair use* darstellt. Angesichts der Ergebnisse der hiesigen Untersuchung müssten die Ausnahmen jedoch viel weiter gehen, denn alle genannten Tatbestände erfüllen die Anforderungen des *fair use* im Sinne des 17 U.S.C. § 107.

d. Keine Beanstandungen der Praxis von VAGA und ARS durch die Kartellbehörden

In Anbetracht des strengen US-amerikanischen Kartellrechts ist es bemerkenswert, dass ARS und VAGA in Bezug auf die Handhabung der hier behandelten Thematik offenbar weitgehend selbständig agieren können. Hinweise auf eine Beanstandung der Praxis der beiden Verwertungsgesellschaften durch die Kartellbehörden gibt es nicht.

---

432 E-Mail-Auskünfte von A. Fields, Associate Counsel der ARS, vom 30. September 2010 und vom 6. Oktober 2010; Informationen über die Handhabung im Falle der Werkabbildung in Katalogen liegen nicht vor.

VI. Ergebnis zu den USA

1. Die Rechtslage in den Vereinigten Staaten zeichnet sich dadurch aus, dass keine spezielle Ausnahmeregelung für die Nutzung eines Copyright-geschützten Werkes der bildenden Künste zur Werbung für dessen Ausstellung oder Verkauf existiert. Stattdessen gibt es mit dem *fair use* des 17 U.S.C. § 107 eine Schrankengeneralklausel, die auf eine Vielzahl unterschiedlicher Sachverhalte anwendbar ist.

   Inwiefern ein Werk der bildenden Künste nach US-amerikanischem Recht in Ausstellungs- und Museumskatalogen oder zur Werbung für seinen Verkauf oder seine Ausstellung abgebildet werden darf, ist in der Literatur bisher kaum erörtert worden. Soweit ersichtlich, gibt es auch keine Rechtsprechung, die sich mit dieser Thematik befasst.

2. Die im Rahmen dieser Arbeit vorgenommene Untersuchung anhand der Prüfung der einzelnen Tatbestandsmerkmale des 17 U.S.C. § 107 hat ergeben, dass alle Anwendungsfälle des § 58 Abs. 1 UrhG – und darüber hinaus die Werknutzung in Museumskatalogen gemäß § 58 Abs. 2 UrhG – mit dem *fair use*-Gedanken in Einklang stehen und daher auch nach US-amerikanischem Recht zulässig sind. Demnach darf ein Copyright-geschütztes Werk der bildenden Künste sowohl anlässlich der Werbung für eine Ausstellung, in der es gezeigt wird, als auch im Zusammenhang mit der Werbung für eine Auktion oder einen anderen Verkauf, wo es angeboten wird, genutzt werden. Gleiches gilt für die Abbildung in einem Museums- oder Auktionskatalog (bzw. in einem anderweitigen Verkaufskatalog).

3. Trotz dieses Ergebnisses sieht die Praxis in den Vereinigten Staaten – vermutlich nicht zuletzt wegen des Fehlens einschlägiger Rechtsprechung zu dieser Thematik – anders aus. Die beiden großen amerikanischen für die Wahrnehmung der Rechte bildender Künstler zuständigen Verwertungsgesellschaften VAGA und ARS vertreten offiziell die Ansicht, dass die genannten Anwendungsfälle nicht vom *fair use* des 17 U.S.C. § 107 erfasst seien und verlangen grundsätzlich Gebühren für die entsprechenden Nutzungshandlungen. Jedoch machen sie innerhalb dieses Spektrums bestimmte Ausnahmen, in denen sie auf die Zahlung von Lizenzgebühren ganz oder teilweise verzichten. Die Praxis der beiden Verwertungsgesellschaften ist dabei aber nicht deckungsgleich. Die Tatsache, dass Ausnahmen gemacht werden, ist ein Indiz dafür, dass man – losgelöst von offiziellen Bekundungen – auf Seiten der

Verwertungsgesellschaften wohl Zweifel daran hat, dass die Werknutzung in Ausstellungs- und Verkaufskatalogen bzw. im Zusammenhang mit der Ausstellungs- oder Verkaufswerbung keinen *fair use* darstellt.

4. Im Hinblick auf die Praxis der Verwertungsgesellschaften ist bemerkenswert, dass diese offenbar weitgehend selbständig agieren können und nicht einmal ihre Tarife veröffentlichen. Dies überrascht vor dem Hintergrund des traditionell strengen US-amerikanischen Kartellrechts, dessen Kontrolle auch die Verwertungsgesellschaften unterworfen sind.

   Es bleibt abzuwarten, ob die Museen und Auktionshäuser sich weiterhin mit den Vorgaben der Verwertungsgesellschaften arrangieren oder ob es zu einem Präzedenzfall kommt, der zu einer höchstrichterlichen Klärung der Frage der Anwendbarkeit des 17 U.S.C. § 107 auf die genannten Fälle führt.

D. Gemeinsame Betrachtung und Gesamtergebnis

I. Einleitung

Ausnahmeregelungen zu den Vorschriften des Urheberrechts bzw. Copyright Law gibt es sowohl in Deutschland als auch in Großbritannien und den USA. Im Hinblick auf die Frage, inwiefern durch Urheberrecht bzw. Copyright geschützte Werke zu Zwecken der Werbung für ihre Ausstellung oder ihren Verkauf abgebildet bzw. in Ausstellungs- oder Verkaufskatalogen gezeigt werden dürfen, gibt es zwischen den drei Ländern jedoch Unterschiede sowohl bezüglich der Reichweite der Ausnahmeregelungen als auch hinsichtlich deren Struktur.

1. Strukturelle Unterschiede

In struktureller Hinsicht unterscheidet sich die US-amerikanische *fair use*-Regelung des 17 U.S.C. § 107 von der deutschen und der britischen Regelung, weil es sich dabei um eine Schrankengeneralklausel handelt, wohingegen die beiden anderen Vorschriften als Einzelausnahmen konzipiert sind.

Eine Generalklausel zeichnet sich dadurch aus, dass sie flexibel auf eine Vielzahl unterschiedlicher Sachverhalte anwendbar ist und auch auf technische Neuerungen reagiert werden kann, ohne die Klausel inhaltlich ändern zu müssen. Der Nachteil einer solchen Regelungsstruktur besteht jedoch darin, dass durch die fehlende explizite Aufzählung von Anwendungsfällen weniger Rechtssicherheit gegenüber Normen besteht, deren Wortlaut ihren Anwendungsbereich konkret und abschließend absteckt. Somit sind Unsicherheiten und Streitigkeiten darüber, in welchen Fällen die Generalklausel greift, nahezu unvermeidlich.

In Deutschland und Großbritannien gibt es mit § 58 Abs. 1 UrhG bzw. Sec. 63 (1) CDPA hingegen Regelungen, die sich explizit mit der Frage der Werknutzung im Zusammenhang mit der Werbung für deren Verkauf bzw. deren Ausstellung beschäftigen. Diese Regelungen bieten ein gewisses Maß an Rechtssicherheit. Wie weit der Erlaubnistatbestand der jeweiligen Regelungen auszulegen ist, ist jedoch auch hier umstritten.

2. Inhaltliche Unterschiede

a. USA

Der inhaltliche Vergleich der Schrankenregelungen hat ergeben, dass alle Ausnahmen, die unter § 58 Abs. 1 UrhG fallen, auch von 17 U.S.C. § 107 gedeckt sind. Somit ist sowohl die Nutzung von geschützten Werken der bildenden Künste zu Zwecken der Werbung für Kunstverkäufe als auch für Kunstausstellungen genehmigungs- und vergütungsfrei zulässig. Dies gilt auch für die Werkabbildung in Auktionskatalogen, die nach deutschem Recht als Werbung im Sinne des § 58 Abs. 1 UrhG einzustufen sind. Darüber hinaus ist auch die Werknutzung in Museumskatalogen, die von § 58 Abs. 2 UrhG privilegiert wird, nach US-amerikanischem Recht als *fair use* zulässig.

b. Großbritannien

Demgegenüber ist der britische Sec. 63 (1) CDPA enger gefasst. Gestattet ist nämlich nur die Nutzung eines Werkes anlässlich der Werbung für dessen Verkauf. Zu den zulässigen Maßnahmen zählt dabei auch die Abbildung in einem Auktions- oder anderweitigen Verkaufskatalog.

Nach britischem Recht nicht privilegiert ist dagegen die Werknutzung zur Werbung für Ausstellungen. Dies gilt auch für die Abbildung in Museumskatalogen. In beiden Fällen ist der Erwerb einer Lizenz erforderlich.

3. Unterschiede zwischen Theorie und Praxis

In der Theorie deckt sich die Rechtslage in den USA – wenn man den Unterschied zwischen Schrankengeneralklausel und (abschließendem) Schrankenkatalog im Auge behält – mit derjenigen in Deutschland, während der britische Privilegierungstatbestand enger gefasst und nur auf die Werbung für Werkverkäufe bezogen ist.

In der Praxis werden in Deutschland die großzügigsten Ausnahmen gemacht. Im Vergleich mit den USA ist dies dadurch bedingt, dass die Nutzer sich in Deutschland auf eine konkrete Schrankenregelung berufen können, während es in den Vereinigten Staaten keine Rechtsprechung gibt, die klarstellt, ob und inwiefern die werbliche Nutzung Copyright-geschützter

Werke als *fair use* im Sinne der Generalklausel des 17 U.S.C. § 107 erlaubt ist. Die US-amerikanischen Verwertungsgesellschaften vertreten die Ansicht, dass es sich bei den hier untersuchten Fällen nicht um *fair use* handelt. Dennoch machen sie in beschränktem Rahmen (wenn auch nicht deckungsgleich) sowohl im Hinblick auf die Nutzung zur Werbung für Kunstverkäufe als auch für Kunstausstellungen einige Ausnahmen, in denen sie auf Lizenzgebühren verzichten.

In Großbritannien ist es zwar in Theorie und Praxis grundsätzlich erlaubt, Copyright-geschützte Werke zur Werbung für Verkäufe – einschließlich der Wiedergabe in Verkaufskatalogen – lizenzfrei abzubilden. Die Verwertungsgesellschaft DACS macht jedoch im Hinblick auf den Privilegierungstatbestand des Sec. 63 (1) CDPA einige Einschränkungen, die aus der Regelung nicht hervorgehen. Im Zusammenhang mit der Ausgestaltung der Lizenzgebühren orientiert sich die DACS daran, ob ein Werk kommerziell oder zu anderen Zwecken genutzt wird und begünstigt die Nutzung durch Museen und andere Kultureinrichtungen.

II. Vor- und Nachteile der US-amerikanischen Regelung

Zwar ist die US-amerikanische Schrankengeneralklausel durch ihre Flexibilität dazu geeignet, auf eine Vielzahl unterschiedlicher Sachverhalte angewandt zu werden. Sämtliche in Deutschland von § 58 Abs. 1 UrhG erfassten Handlungen sowie die Werknutzung in Museumskatalogen nach § 58 Abs. 2 UrhG können auch unter 17 U.S.C. § 107 subsumiert werden. In der Praxis aber erweist sich eine derartige Generalklausel durch die mangelnde Rechtssicherheit als problematisch. Erst durch eine entsprechende Feststellung durch die Rechtsprechung kann im Einzelfall geklärt werden, ob eine Handlung tatsächlich als *fair use* einzustufen ist oder nicht. Dies hat zur Folge, dass in den USA im hiesigen Kontext derzeit anscheinend die Verwertungsgesellschaften festlegen, was als Ausnahme geduldet wird und welche Handlungen lizenzpflichtig sind.

III. Vor- und Nachteile der britischen Regelung

Sec. 63 (1) CDPA ist gegenüber der US-amerikanischen Schrankengeneralklausel des 17 U.S.C. § 107 konkret ausgestaltet und bietet insofern eine höhere Rechtssicherheit.

Der Ausnahmetatbestand gestattet allerdings, anders als in Deutschland und den USA, nur die werbliche Nutzung von Copyright-geschützten Werken der bildenden Künste für Verkäufe und Auktionen, nicht jedoch im Zusammenhang mit Ausstellungen. Daraus folgt, dass die Abbildung eines Werkes anlässlich der Werbung für eine Kunstausstellung wie auch in einem Museumskatalog in Großbritannien lizenzpflichtig ist.

Dies stellt eine Beeinträchtigung der Arbeit von Museen und Galerien dar, weil die Herausgabe bebilderter Ausstellungskataloge sowie die Werknutzung zur Ausstellungswerbung dadurch erschwert werden. Ein nachvollziehbarer Grund dafür ist nicht ersichtlich: Auch der Urheber profitiert von der Nutzung seiner Werke zur Ausstellungswerbung. Durch die Wiedergabe eines Werkes auf Plakaten und in Anzeigen etc. werden dessen Bekanntheit und damit auch diejenige seines Schöpfers gesteigert. Die Tatsache, dass ein Museum oder eine Galerie mit einem bestimmten Werk für eine Ausstellung wirbt, bringt die besondere Wertschätzung sowohl des Werkes als auch des Künstlers zum Ausdruck, was den Marktwert seiner Werke insgesamt zu erhöhen vermag.

Somit wäre es für alle Beteiligten – die Urheber, die Museen und Galerien sowie die Allgemeinheit – von Vorteil, wenn mit der Abbildung eines Kunstwerkes im Zusammenhang mit dessen Ausstellung auch in Großbritannien genehmigungs- und gebührenfrei geworben werden dürfte. Dies gilt über die werbliche Nutzung hinaus auch für die Möglichkeit, ein Werk in einem erläuternden Ausstellungskatalog abbilden zu können, ohne dafür eine Lizenz erwerben zu müssen.

Insoweit ist die britische Regelung in ihrem Anwendungsbereich zu eng.

IV. Vorzugswürdigkeit der deutschen Regelung

§ 58 Abs. 1 UrhG zeichnet sich dadurch aus, dass von der Regelung im Ergebnis alle Beteiligten profitieren.

Museen, Auktionshäuser und Galerien haben die Möglichkeit, mit der Abbildung eines von ihnen ausgestellten bzw. angebotenen Werkes genehmigungs- und gebührenfrei werben zu können.

Dadurch kann die Öffentlichkeit über die Ausstellung oder den Verkauf informiert werden und gleichzeitig einen Eindruck dessen bekommen, was in der Ausstellung zu sehen ist bzw. zum Verkauf angeboten wird.

Auch der Urheber profitiert von der Ausnahmeregelung. Im Hinblick auf die Werbung für den Verkauf seiner Werke resultiert dies in finanzieller Hinsicht aus dem Folgerecht nach § 26 Abs. 1 UrhG. Je mehr für den Verkauf eines Werkes geworben wird, desto bekannter werden sowohl das Werk selbst als auch die Tatsache des Verkaufs. Dadurch steigt die Nachfrage, was wiederum einen höheren Verkaufserlös des Werkes zur Folge haben kann. Da der Urheber über § 26 Abs. 1 UrhG am Weiterverkauf beteiligt wird, ist es in seinem Interesse, wenn durch entsprechende Werbemaßnahmen ein besonders hoher Preis für das Werk erzielt wird.

Die Nutzung eines Werkes zur Ausstellungswerbung ist ebenfalls im Interesse des Schöpfers, denn die Entscheidung eines Museums, das Werk eines bestimmten Künstlers zu diesem Zweck abzubilden, zeugt von dem Stellenwert, der ihm beigemessen wird. Dies steigert sein Renommee und kann wiederum einen höheren Marktwert seiner Werke insgesamt zur Folge haben.

Hinsichtlich der Frage nach dem gemäß § 58 Abs. 1 UrhG zulässigen Ausmaß der Werbung sollte de lege ferenda allerdings der missverständliche Wortlaut der Regelung insofern geändert werden, als der letzte Halbsatz *soweit dies zur Förderung der Veranstaltung erforderlich ist* gestrichen wird. Stattdessen empfiehlt sich die Klarstellung, dass die von der Regelung privilegierte Werbung nur zugunsten der jeweiligen Veranstaltung erfolgen darf und jegliche andere kommerzielle Nutzung der betreffenden Werke in diesem Zusammenhang unzulässig ist. Es ist nämlich nicht sinnvoll, Werbung für Kunstverkäufe oder Ausstellungen im Umfang begrenzen zu wollen, denn Werbung ist dann besonders erfolgreich, wenn sie intensiv und innovativ ist. Da Werbung stets zur Förderung einer Veranstaltung beiträgt, ist sie immer auch erforderlich. Das Merkmal der Erforderlichkeit ist insofern kein geeignetes Kriterium zur Einschränkung des Erlaubnistatbestands.

Dennoch ist die deutsche Regelung bereits in ihrer jetzigen Ausgestaltung gegenüber der britischen und der US-amerikanischen Regelung vorzugswürdig. Gegenüber der britischen Regelung zeichnet sich die deutsche durch ihren praxisgerechten weiteren Anwendungsbereich und im Vergleich zur US-amerikanischen Generalklausel durch die höhere Rechtssicherheit aus.

Anhang

U.S. Copyright Act – 17 U.S.C.

§ 102. Subject matter of copyright: In general

(a) Copyright protection subsists, in accordance with this title, in original works of authorship fixed in any tangible medium of expression, now known or later developed, from which they can be perceived, reproduced, or otherwise communicated, either directly or with the aid of a machine or device. Works of authorship include the following categories:

(1) literary works;

(2) musical works, including any accompanying words;

(3) dramatic works, including any accompanying music;

(4) pantomimes and choreographic works;

(5) pictorial, graphic, and sculptural works;

(6) motion pictures and other audiovisual works;

(7) sound recordings; and

(8) architectural works.

(b) In no case does copyright protection for an original work of authorship extend to any idea, procedure, process, system, method of operation, concept, principle, or discovery, regardless of the form in which it is described, explained, illustrated, or embodied in such work.

§ 106. Exclusive rights in copyrighted works

Subject to sections 107 through 122, the owner of copyright under this title has the exclusive rights to do and to authorize any of the following:

(1) to reproduce the copyrighted work in copies or phonorecords;

(2) to prepare derivative works based upon the copyrighted work;

(3) to distribute copies or phonorecords of the copyrighted work to the public by sale or other transfer of ownership, or by rental, lease, or lending;

(4) in the case of literary, musical, dramatic, and choreographic works, pantomimes, and motion pictures and other audiovisual works, to perform the copyrighted work publicly;

(5) in the case of literary, musical, dramatic, and choreographic works, pantomimes, and pictorial, graphic, or sculptural works, including the individual images of a motion picture or other audiovisual work, to display the copyrighted work publicly; and

(6) in the case of sound recordings, to perform the copyrighted work publicly by means of a digital audio transmission.

§ 106A. Rights of certain authors to attribution and integrity

(a) Rights of Attribution and Integrity. — Subject to section 107 and independent of the exclusive rights provided in section 106, the author of a work of visual art —

(1) shall have the right —

(A) to claim authorship of that work, and

(B) to prevent the use of his or her name as the author of any work of visual art which he or she did not create;

(2) shall have the right to prevent the use of his or her name as the author of the work of visual art in the event of a distortion, mutilation, or other modification of the work which would be prejudicial to his or her honor or reputation; and

(3) subject to the limitations set forth in section 113(d), shall have the right —

(A) to prevent any intentional distortion, mutilation, or other modification of that work which would be prejudicial to his or her honor or reputation, and any intentional distortion, mutilation, or modification of that work is a violation of that right, and

(B) to prevent any destruction of a work of recognized stature, and any intentional or grossly negligent destruction of that work is a violation of that right.

(b) Scope and Exercise of Rights. — Only the author of a work of visual art has the rights conferred by subsection (a) in that work, whether or not the author is the copyright owner. The authors of a joint work of visual art are coowners of the rights conferred by subsection (a) in that work.

(c) Exceptions. — (1) The modification of a work of visual art which is the result of the passage of time or the inherent nature of the materials is not a distortion, mutilation, or other modification described in subsection (a)(3)(A).

(2) The modification of a work of visual art which is the result of conservation, or of the public presentation, including lighting and placement, of the work is not a destruction, distortion, mutilation, or other modification described in subsection (a)(3) unless the modification is caused by gross negligence.

(3) The rights described in paragraphs (1) and (2) of subsection (a) shall not apply to any reproduction, depiction, portrayal, or other use of a work in, upon, or in any connection with any item described in subparagraph (A) or (B) of the definition of "work of visual art" in section 101, and any such reproduction, depiction, portrayal, or other use of a work is not a destruction, distortion, mutilation, or other modification described in paragraph (3) of subsection (a).

(d) Duration of Rights. — (1) With respect to works of visual art created on or after the effective date set forth in section 610(a) of the Visual Artists Rights Act of 1990, the rights conferred by subsection (a) shall endure for a term consisting of the life of the author.

(2) With respect to works of visual art created before the effective date set forth in section 610(a) of the Visual Artists Rights Act of 1990, but title to which has not, as of such effective date, been transferred from the author, the rights conferred by subsection (a) shall be coextensive with, and shall expire at the same time as, the rights conferred by section 106.

(3) In the case of a joint work prepared by two or more authors, the rights conferred by subsection (a) shall endure for a term consisting of the life of the last surviving author.

(4) All terms of the rights conferred by subsection (a) run to the end of the calendar year in which they would otherwise expire.

(e) Transfer and Waiver. — (1) The rights conferred by subsection (a) may not be transferred, but those rights may be waived if the author expressly agrees to such waiver in a written instrument signed by the author. Such instrument shall specifically identify the work, and uses of that work, to which the waiver applies, and the waiver shall apply only to the work and uses so identified. In the case of a joint work prepared by two or more authors, a waiver of rights under this paragraph made by one such author waives such rights for all such authors.

(2) Ownership of the rights conferred by subsection (a) with respect to a work of visual art is distinct from ownership of any copy of that work, or of a copyright or any exclusive right under a copyright in that work. Transfer of ownership of any copy of a work of visual art, or of a copyright or any exclusive right under a copyright, shall not constitute a waiver of the rights conferred by subsection (a). Except as may otherwise be agreed by the author in a written instrument signed by the author, a waiver of the rights conferred by subsection (a) with respect to a work of visual art shall not constitute a transfer of ownership of any copy of that work, or of ownership of a copyright or of any exclusive right under a copyright in that work.

Literaturverzeichnis

Assmann, Heinz Dieter/Bungert, Hartwin, Handbuch des US-amerikanischen Handels-, Gesellschafts- und Wirtschaftsrechts, Band 1, München 2001

Bainbridge, David, Intellectual Property, 9th Ed., Harlow 2012

Bently, Lionel/Sherman, Brad, Intellectual Property Law, 4th Ed., Oxford 2014

Bornkamm, Joachim, Ungeschriebene Schranken des Urheberrechts? Anmerkungen zum Rechtsstreit Botho Strauß/Theater Heute in: Erdmann, Willi/Gloy, Wolfgang/Herber, Rolf (Hrsg.), Festschrift für Dr. Henning Piper, München 1996

Copinger, Walter Arthur/Skone James, Francis Edmund, On Copyright. Vol. 1, 16th Ed., London 2011

Der Brockhaus Wirtschaft, Leipzig/Mannheim 2004

Dieselhorst, Jochen, Das Ende des „amoralen" Copyrights? Der Visual Rights Act der USA von 1990, GRUR Int. 1992, 902 ff.

Dietz, Adolf, Verfassungsklauseln und Urheberrecht, GRUR Int. 2006, 1 ff.

Dreier, Thomas/Schulze, Gernot, UrhG, 4. Aufl. 2013

Dreyer, Gunda/Kotthoff, Jost/Meckel, Astrid, Heidelberger Kommentar zum Urheberrecht, 3. Aufl. 2013

DuBoff, Leonard D./King, Christy, Art Law in a Nutshell, 4th Ed., St. Paul 2006

Duden Wirtschaft von A bis Z, 3. Aufl., Mannheim 2008

Durie, Robin, Der englische Copyright, Designs and Patents Act von 1988, GRUR Int. 1990, 832 ff.

Förster, Achim, Fair Use, Tübingen 2008

Fromm, Friedrich Karl/Nordemann, Wilhelm, Urheberrecht, 11. Aufl. 2014

Halpern, Sheldon W./Nard, Craig Allen/Port; Kenneth L., Fundamentals of United States Intellectual Property Law: Copyright, Patent and Trademark, 3rd Ed., Alphen aan den Rijn 2011

Hoeren, Thomas/Holznagel, Bernd/Ernstschneider, Thomas, Handbuch Kunst und Recht, Frankfurt am Main u.a. 2008

Jacobs, Rainer, Die Katalogbildfreiheit in: Baur, Jürgen F./Jacobs, Rainer/Lieb, Manfred/Müller-Graff, Peter-Christian (Hrsg.), Festschrift für Ralf Vieregge, Berlin, New York 1995

Jacobs, Rainer, Die neue Katalogbildfreiheit in: Keller, Erhard/Plassmann, Clemens/Von Falck, Andreas (Hrsg.), FS für Winfried Tilmann, Köln u.a. 2003

Just, Clemens, Die englische Limited in der Praxis, 4. Aufl., München 2012

Keller, Bruce P./Cunard, Jeffrey P., Copyright Law. A Practitioner's Guide, 2nd Ed., New York 2015

Kriendler-Nelson, Mark, The Fine Art of Reproduction: The Doctrine of Fair Use and Auction House Catalogues, Columbia-VLA Journal of Law & The Arts, Vol. 18, 1993-1994, 291 ff.

Kröger, Detlef, Informationsfreiheit und Urheberrecht, München 2002

Kukuk, Gerd, Urheberrechtswahrnehmung in den USA, Berlin 1995

Langenscheidts Jubiläumswörterbuch Englisch, 10. Auflage, Berlin u.a. 1988

Lind, Robert C./Jarvis, Robert/Phelan, Marilyn, Art and Museum Law. Cases and Materials, Durham, North Carolina 2002

Loewenheim, Ulrich, Handbuch des Urheberrechts, 2. Aufl., München 2010

Martin, Scott M., Museum Copyright Licensing Agreements and Visual Artists, Columbia-VLA Journal of Law & The Arts, Vol. 10, 1985-86, 421 ff.

McClean, Daniel/Schubert, Karsten (Ed.), Dear Images. Art, Copyright and Culture, London 2002

Mercker, Florian, Die Katalogbildfreiheit. Die Regelungen in den Urheberrechtsgesetzen des deutschsprachigen Raumes, Baden-Baden 2006

Mercker, Florian, Die Begrenzung der Werbung eines Auktionshauses durch die Katalogbildfreiheit, ZUM 2010, 397 ff.

Mestmäcker, Ernst-Joachim, Collecting Societies in Law and Economics in: Riesenhuber, Karl (Hrsg.), Beiträge zum Urheberrecht, Berlin 2006

Mestmäcker, Ernst-Joachim, Sind urheberrechtliche Verwertungsgesellschaften Kartelle? in: Riesenhuber, Karl (Hrsg.), Beiträge zum Urheberrecht, Berlin 2006

Mestmäcker, Ernst-Joachim/Schulze, Erich, Kommentar zum deutschen Urheberrecht, AL 37 (Stand: Dez. 2004)

Michalos, Christina, The Law of Photography and Digital Images, London 2004

Pfennig, Gerhard, Die Verwertungsgesellschaft Bild-Kunst in: Hoeren, Thomas et al., Handbuch Kunst und Recht, Frankfurt am Main 2008

Pfennig, Gerhard, Urheberrecht im Museum: Der Museumsvertrag, 2009, im Internet abrufbar unter http://www.kulturmanagement-portal.de/images/PDF-Dokumente/KuR_L_3_5_web.pdf (zuletzt besucht am 12. Dezember 2016)

Raue, Peter, Zum Dogma der restriktiven Auslegung der Schrankenbestimmungen des Urheberrechtsgesetzes in: Urheberrecht im Informationszeitalter. Festschrift für Wilhelm Nordemann zum 70. Geb., München 2004

Reinbothe, Jörg/Von Lewinski, Silke, The WIPO Treaties 1996, London 2002

Rigamonti, Cyrill P., Deconstructing Moral Rights, Harvard International Law Journal, Vol. 47, 2006, 353 ff.

Röhl, Klaus F., Allgemeine Rechtslehre, 2. Auflage 2001; Der zitierte Passus ist in der aktuellen (dritten) Auflage aus 2008 aus Platzgründen nicht mehr enthalten; er ist jedoch im Internet abrufbar unter http://www.ruhr-uni-bochum.de/rsozlog/daten/pdf/Roehl%20-%20AR-Common%20Law%20and%20Civil%20Law.pdf (zuletzt besucht am 12. Dezember 2016)

Rojahn, Sabine/Wild, Gisela, Der Bilderstreit zu Weimar aus juristischer Sicht in: Kunstsammlungen zu Weimar (Hrsg.), Der Weimarer Bilderstreit. Szenen einer Ausstellung. Eine Dokumentation, Weimar 2000

Schack, Haimo, Kunst und Recht, Köln 2004

Schack, Haimo, Urheber- und Urhebervertragsrecht, 6. Auflage, Tübingen 2013

Schmid, Matthias/Wirth, Thomas/Seifert, Fedor, Urheberrechtsgesetz. Handkommentar, 2. Aufl. 2008

Schmidt, Ingo/Haucap, Justus, Wettbewerbspolitik und Kartellrecht, 10. Aufl., München 2013

Schricker, Gerhard, Urheberrecht. Kommentar, 2. Aufl. 1999

Schricker, Gerhard/Loewenheim, Ulrich, Urheberrecht. Kommentar, 4. Aufl. 2010

Senftleben, Martin, Copyright, Limitations And The Three-Step-Test. An Analysis of the Three-Step-Test in International and EC Copyright Law, Den Haag/New York 2004

Senftleben, Martin, Grundprobleme des urheberrechtlichen Dreistufentests, GRUR Int. 2004, 200 ff.

Stokes, Simon, Art and Copyright, Oxford/Portland (Oregon) 2001

Stokes, Simon, Art and Copyright, 2nd Ed., Oxford/Portland (Oregon) 2012

Stokes, Simon, Digital Copyright: Law and Practice, 4th Ed., Oxford/Portland (Oregon) 2014

Von Detten, Urban, Kunstausstellung und das Urheberpersönlichkeitsrecht des bildenden Künstlers, Frankfurt am Main 2010

Walterscheid, Edward C., The Nature of the Intellectual Property Clause: A Study in Historical Perspective, Buffalo 2002

Wandtke, Artur-Axel/Bullinger, Winfried, Praxiskommentar zum Urheberrecht, 4. Auflage 2014

Weichhaus, Bernd, Das Recht der Verwertungsgesellschaften in Deutschland, Großbritannien und Frankreich, Hamburg 2002

Wirtz, Martin, Die Kontrolle der Verwertungsgesellschaften, Frankfurt/Bern 2002

Gerichtsentscheidungen

Deutsche Gerichte

RGZ 79, 397 – Felseneiland mit Sirenen

RGZ 113, 413 – Der Tor und der Tod

BVerfGE 7, 198 – Lüth

BGH GRUR 1960, 619 – Künstlerlizenz bei öffentlicher Wiedergabe von Schallplatten

BGH GRUR 1960, 627 – Künstlerlizenz bei öffentlicher Wiedergabe von Rundfunksendungen

BGH GRUR 1993, 822 – Katalogbild

BGH GRUR 1994, 800 – Museumskatalog

BGH GRUR 2001, 51 – Parfumflakon

LG Berlin, 31. 05. 2007, 16 O 41/06

OLG Jena, Urt. v. 27.02.08 – 2 U 319/07 – Thumbnails
OLG Köln, Urt. v. 26.09.08 – 6 U 111/08
BGH Urt. v. 29.4.2010 – I ZR 69/08

Britische Gerichte

Donaldson v. Beckett, (1774) 4 Burr. 2408, 2 Bro. PC 129

US-Amerikanische Gerichte

Standard Oil Co. of New Jersey v. United States, 221 U.S. 1 (1911)
Straus & Straus v. American Publishers' Association, 231 U.S. 222 (1913)
Sony Corporation of America v. Universal City Studios, Inc., 464 U.S. 417 (1984)
Harper & Row Publishers, Inc., v. Nation Enterprises, 471 U.S. 539 (1985)
Rogers v. Koons, 960 F.2d 301 (2d Cir. 1992)
Sega Enterprises Ltd. v. Accolade, Inc., 977 F.2d 1510 (U.S. Court of Appeals, Ninth Circuit 1993)
Campbell v. Acuff-Rose Music, Inc., 510 U.S., 569 (1994)

Materialien

Auskünfte von Adrienne Fields, Associate Counsel der ARS, vom 30.9.2010 bzw. vom 6.10.2010
Auskünfte von Robert Panzer, Executive Director der VAGA, vom 07.03. 2007 bzw. vom 7.10.2009 bzw. 7.10.2010
Auskünfte von Christian Zimmermann, Legal & Business Affairs Manager der DACS vom 10.5.2010
Amtliche Begründung zum Urheberrechtswahrnehmungsgesetz 1965, UFITA 46/1966, 271 ff.
Beck-Texte im dtv, Urheber- und Verlagsrecht, 15. Aufl. 2014
Begründung des Regierungsentwurfes zum Urheberrechtsgesetz, BT-Drs. IV/270, UFITA 45/1965, 240 ff.
Begründung des Regierungsentwurfes zum Gesetz zur Regelung des Urheberrechts in der Informationsgesellschaft, BT-Drs. 15/38
Richtlinie 84/450 EWG des Rates zur Angleichung der Rechts- und Verwaltungsvorschriften der Mitgliedstaaten über irreführende Werbung v. 10.9.1984
Richtlinie 2001/29/EG DES EUROPÄISCHEN PARLAMEMTES UND DES RATES vom 22. Mai 2001 zur Harmonisierung bestimmter Aspekte des Urheberrechts und der verwandten Schutzrechte in der Informationsgesellschaft

FSC
www.fsc.org
MIX
Papier | Fördert gute Waldnutzung
FSC® C083411

Kolibri 360 GmbH
Ferdinand-Jühlke-Straße 7
99095 Erfurt, Deutschland
produktsicherheit@kolibri360.de